L'AMIRAL COURBET

D'APRÈS

SES LETTRES

FÉLIX JULIEN

L'AMIRAL COURBET

D'APRÈS

SES LETTRES

PARIS

LIBRAIRIE VICTOR PALMÉ

(SOCIÉTÉ GÉNÉRALE DE LIBRAIRIE CATHOLIQUE)

76, *Rue des Saints-Pères*, 76

BRUXELLES	GENÈVE
SOCIÉTÉ BELGE DE LIBRAIRIE	HENRI TREMBLEY
VANDENBROECK, Directeur	Libraire-Éditeur
8, *Rue du Treurenberg*, 8.	4, *Rue Corraterie*, 4.

1880

AVANT-PROPOS

Les lettres inédites ou déjà publiées contenues dans ce volume sont accompagnées de considérations diverses ou commentaires, relatifs aux événements qui s'y rapportent. C'est une étude, un simple essai sur le caractère et la vie politique de l'amiral Courbet. Dans ce travail, nous avons été naturellement conduit à consulter les ouvrages qui ont paru à l'époque de sa mort. Le livre de M. *Ganneron*, l'Amiral Courbet d'après les papiers de la marine et de la famille, *et celui de* M. *Loir*, l'Escadre de l'amiral Courbet, notes et souvenirs.

Tout en nous plaçant ici à un point de vue différent, nous ne pouvons que rendre justice à l'es-

prit qui les a inspirés. Nous leur devons des emprunts nombreux, que nous signalons avec soin.

Dans cette correspondance de l'Amiral se trouvent des redites. C'était inévitable. Nous les avons maintenues à dessein, bien qu'elles nuisent peut-être à la rapidité du récit. Mais ces répétitions attirent l'attention sur des points importants; elles concentrent la lumière sur la cause et la marche des événements : c'est en partie l'objet de cet ouvrage.

CHAPITRE PREMIER

Nous n'avons pas à rappeler ici la polémique soulevée par la publication des lettres de l'amiral Courbet.

« Ces lettres », disait M. Charles Laurent[1], « ne sont que de simples et familiers épanchements d'un soldat ; elles n'auraient pas dû servir de prétexte à des débats politiques, à l'écart desquels Courbet s'était toujours tenu. »

« Ces lettres confidentielles, qui n'étaient point destinées à la publicité, de quel droit les rend-on

1. *Paris*, juin 1885.

publiques après la mort de l'amiral? *De son vi-vant, il n'aurait pas permis de les livrer en pâ-ture à la curiosité*[1]. »

Cette vérité de La Palice nous surprend dans un journal sérieux.

« L'ami infidèle qui a violé le secret d'une correspondance intime, a commis une mauvaise action, bien plus à l'égard de la mémoire de l'a-miral que contre les membres du gouverne-ment[2]. »

Enfin, M. Emmanuel Arène, dans *le Matin*, nous dit :

« La reconnaissance nationale l'avait placé à une hauteur où on ne distingue plus les nuances de son pavillon, et où la gloire seule rayonne en son immortelle clarté. Le pays tout entier lui préparait de splendides funérailles. Il semblait que Victor Hugo, en s'en allant, eût exprès laissé entr'ouverte la porte du Panthéon.

« Brusquement, les amis de l'amiral viennent de la refermer; ils ont, d'une main impie, détruit

1. *La République française*, 21 juin 1885.
2. Paul Lafargue, *le Voltaire*.

la légende. Ils ont tenu à nous montrer un autre Courbet que celui que nous rêvions. »

Oui, justement, hâtons-nous de le dire, ses amis nous ont fait connaître un tout autre Courbet que celui que voulaient inventer les opportunistes, pour les besoins du temps.

C'est là un grand service que ses amis ont rendu à sa mémoire, et aussi à la majorité croyante de la France.

Ils ont sauvé son nom du Panthéon et préservé ses restes glorieux des funérailles nationales et païennes, bouffonnes et impies, dont on a cru honorer les cercueils de Gambetta et de Victor Hugo.

Les amis de Courbet ont rempli un devoir envers la France.

« La France ne voyait pas : il fallait qu'elle vît : qu'elle vît *toute* la souffrance, *tout* l'héroïsme du sacrifice, *tout* le danger et *toutes* les *fautes*.

« Sans détruire une légende dont le germe est impérissable, des mains amies déchirèrent le voile. Tout apparut alors.

« La France tressaillit. Justice était faite. »

Quant à taxer d'infidèles les amis qui ont livré

ces lettres à la publicité, nous demandons au nom de qui parle-t-on ici? Les intéressés seuls ont le droit de se plaindre.

Que quelques ministres coupables, réunis en conseil, aient tout à coup entendu cette voix vengeresse leur venir d'outre-tombe, un peu à la façon du spectre de Banco au festin de Macbeth, nous le comprenons[1].

« Mais, est-ce qu'une justice mystérieuse ne devait pas recueillir les aveux, les confidences, les cris échappés à l'âme froissée et brisée du soldat? Est-ce que nous ne devions pas lire quelque jour cette correspondance, d'autant plus sincère qu'elle n'était pas faite pour la postérité? Est-ce que nous n'aurions pas cette amère satisfaction de saisir sur le vif les crises palpitantes de cette existence de marin, aux prises avec les bas calculs de l'ambition d'un ministère affolé[2]? »

---

1. *The times have been that, When the brains Were out, the man Was die.* « Il fut un temps où, quand on avait brisé le crâne à un homme, cet homme était mort, et tout était fini. Mais aujourd'hui, il ressuscite avec vingt blessures mortelles à la tête, et il vient nous chasser de nos sièges. »

2. MAGNIER, *l'Événement,* 18 juin 1885.

Eh bien ! oui, puisque cette correspondance sincère a été publiée, nous n'avons plus à la taire : nous n'avons qu'à en tirer profit. Nous la complétons par une collection de *lettres inédites,* qui n'ont plus, il est vrai, la même vivacité de couleurs, mais qui montrent Courbet sous un aspect plus large et plus élevé.

Si ces lettres ne sont point encore l'histoire impartiale, elles en sont certainement l'acheminement et la préparation. A ce titre, elles méritent d'être connues.

D'ailleurs, en fait de surprise, la correspondance de Courbet, qui n'était point destinée à une publicité immédiate, qu'est-elle à côté de tout ce qui s'est dit, écrit et imprimé dans nos commissions parlementaires ?

Les deux ou trois lettres les plus vives de cette correspondance ne portent nulle atteinte à la discipline ou à la hiérarchie. Que sont-elles à côté de l'inexplicable divulgation du rapport Borgnis-des-Bordes ou de l'écrasante déposition du général Brière de l'Isle, au sein de la commission du Tonkin ?

Les trente-trois membres de cette commission

et les membres du parlement qui l'ont nommée, seraient vraiment bien venus à se plaindre des indiscrétions de Courbet, après les honteuses révélations qu'ils ont eux-mêmes provoquées.

Non, nous ne croyons pas que les épanchements intimes de Courbet obscurcissent sa gloire. Ils n'ont rien de commun avec « l'*envie*, la *calomnie*, l'*injure* du *soldat grincheux* ou *rebelle* », dont parle *le Voltaire* [1].

A quelle servitude intellectuelle faut-il donc descendre, à quel degré de castration morale faut-il donc arriver, pour réduire à cet abaissement les généraux investis d'un grand commandement? C'est peut-être le rôle que les ministres ou gouverneurs civils veulent imposer à nos chefs militaires.

Ce n'était point ainsi que l'entendait Courbet. La hiérarchie a ses lois, la discipline ses règles; mais la conscience a ses droits et ses devoirs : nul n'a le pouvoir d'y toucher.

Pour montrer comment Courbet, bien que sous le joug de la vie militaire, entendait, en ce qui

---

1. Juin 1885.

le concerne, les privilèges inviolables du *for intérieur*, nous nous permettrons un souvenir personnel ; il remonte à 1864, vingt ans avant sa mort : c'était dans le carré du vaisseau amiral *le Solferino*, en rade de Tunis.

La convention du 14 septembre venait d'ouvrir un nouveau champ aux discussions ardentes du moment. Cette convention ne donnait point la solution de la question romaine, mais elle en ravivait l'intérêt, en laissant pressentir le prochain abandon de Rome par la France.

Il y avait là un sujet de controverse qui revenait d'autant plus souvent parmi nous, que le hasard avait réuni sur le *Solferino* plusieurs officiers appartenant, par leur famille, au monde politique du second empire : Georges de la Guéronnière, Napoléon de Montebello, de Montesquiou-Fezenzac ; le lieutenant de vaisseau, aujourd'hui abbé de Broglie, s'y trouvaient avec Courbet, attaché à l'état-major général [1].

---

1. Dans la même réunion d'officiers figuraient encore quelques personnalités qui ont marqué leur place dans notre génération maritime contemporaine :

Chef d'état-major, amiral Bourgois, conseiller d'État, connu par l'importance et la variété de ses travaux scientifiques.

La convention du 14 septembre ramenait naturellement sur le tapis, avec la fameuse brochure *le Pape et le Congrès* de la Guéronnière, la question du pouvoir temporel, c'est-à-dire, la vieille question du Pape et de l'Empire, cet éternel sujet de querelle entre Guelfes et Gibelins de tous les temps et de tous les pays.

Ici, nous ne pouvons oublier le ton bref et tranchant, ne comportant pas de réplique, avec lequel Courbet mit un jour fin à une de ces discussions politiques, dont il se tenait généralement à l'écart. Un ami devoué du gouvernement

Capitaine de pavillon de Plas, dont la sévérité en service était tempérée par la distinction des manières et la droiture de son caractère : vrai type de marin gentilhomme. Il vient de mourir, à Brest, jésuite vénéré et aumônier des Petites Sœurs des Pauvres.

Son second était le capitaine de frégate Krantz, devenu ministre.

Parmi les lieutenants arrivés au grade d'officier général, on peut citer les amiraux Duburquois, baron Grivel, de Marquessac.

Quant à l'aumônier, aujourd'hui Mgr Trégaro, son nom rappelle la réponse qu'il a faite, comme évêque de Séez, à la lettre de blâme à lui infligée par le ministre des cultes, M. Goblet : « Monsieur le ministre, dans ma carrière j'ai été deux fois mis à l'ordre du jour des armées de terre et de mer : la première, à la prise des forts de Takou ; la deuxième, après Palikao. Votre blâme public est mon troisième ordre du jour : je m'en honore comme des précédents. »

de ce temps, ami aveugle comme il y en a sous tous les régimes, soutenait qu'en cette occurrence, tenir pour le Pape contre l'Empereur, c'était faillir au sentiment français, forfaire au patriotisme.

« Ah! halte-là!... mon cher, je proteste. En fait de patriotisme, je sais ce que je dois à l'empereur. Je lui dois mon sang et suis prêt, tout comme vous, à lui en sacrifier la dernière goutte. Mais au delà, mais pour le reste, pour mes sympathies et mes convictions, pour les choses de l'âme et de l'esprit, pour le domaine intérieur en un mot, halte-là! vous dis-je : aucun pouvoir humain n'a le droit d'y entrer! »

N'est-ce pas que voilà bien Courbet, le Courbet du *Bayard* et du Tonkin, exécutant vaillamment, brillamment et ponctuellement, à la tête de son escadre, les ordres d'un gouvernement qu'il n'aime ni n'estime?

Courbet, à cette époque, était trop chargé d'études et de service pour être en même temps un homme de plaisir. Mais il aimait la vie, il aimait le monde. Il y réussissait, dit-on.

D'après lui, « sans le monde et la conversation

des femmes, le marin devient fatalement grossier, insupportable; il tourne à l'ours, et à l'ours mal léché [1]. »

Un de ses amis, qui l'a bien connu, a écrit dans le même sens : « Courbet ne parle jamais politique ni religion. Il est, en service, exact, un peu sec et presque dur; mais en dehors, bon enfant, bon camarade, gai, spirituel et causeur entraînant. Il aime la société, celle des femmes surtout. Sa tête de mort s'anime alors. Il a eu de nombreux succès partout où il est allé. »

Et plus loin : « A la station des Antilles, en 1870, Courbet commandait *le Talisman*. Jeune capitaine de frégate, il nous émerveillait comme manœuvrier, et aussi comme enjouement et comme intelligence. Il allait à chaque courrier à la Havane, courant sus au commerce allemand. Quel entrain! quel esprit! quelle gaieté! Nous dînions souvent à son bord. Il y amenait des dames, qu'il savait captiver, plus certainement par son esprit que par la beauté de ses traits. C'est là un côté anecdotique sous lequel il est peu connu [2]. »

1. Lettres à Mme X.
2. Le capitaine de frégate marquis DE BALINCOURT.

Si Courbet parlait rarement politique et religion, en revanche il ne dédaignait pas les conversations légères, qui défrayent souvent les grand'chambres de nos vaisseaux. Courbet s'y mêlait par boutades. Avec ses traits mordants et sa verve incisive, il ne reculait pas devant le calembourg, le mot risqué ou la pointe scabreuse. L'esprit rend indulgent; chez lui, esprit gaulois, jamais rabelaisien. « L'esprit est souvent la dupe du cœur [1]. » Mais, dans ses saillies les plus vives, jamais un mot qui pût atteindre les principes, ni mettre en cause sa foi religieuse!

C'était un sujet réservé. On eût dit un flambeau voilé, mais non éteint, gardé avec respect dans un repli du cœur : c'était son sanctuaire. Quand devait-il en sortir, pour briller au dehors d'un vif et pur éclat?

« Courbet nous reviendra, nous disait souvent, avec son fin sourire, son camarade et ami, le futur abbé de Broglie. Quand il reviendra, ce sera tout d'une pièce. Comme du centurion romain, on pourra dire de lui : « En vérité, nous n'avons jamais vu tant de foi en Israël. »

1. LAROCHEFOUCAULD, *Maximes.*

Son ami était prophète.

A vingt ans d'intervalle, il devinait Courbet, à la veille de son départ pour le Tonkin, « s'en allant, pèlerin plein de foi, se placer, lui et son escadre, sous la protection de sainte Anne d'Auray[1]. » Il le voyait encore, grand chef victorieux dans l'extrême Orient, envoyer, au nom de cette même escadre et par-dessus la tête d'un parlement athée et d'un gouvernement franc-maçon, son offrande publique à l'église du Sacré-Cœur.

Quand le lieutenant Paul de Broglie quitta l'armée de mer pour le séminaire de Saint-Sulpice, Courbet lui écrivit cette lettre d'adieu :

Paris, le 16 juin 1866.

MON CHER DE BROGLIE,

Je vous remercie de votre bon souvenir. Votre amitié m'est chère, bien qu'elle date d'un an à peine; mais, en pareille matière, l'estime sait abréger l'œuvre du temps. Quand les bases sont solides, l'édifice ne perd rien à s'élever rapidement.

1. Mgr Freppel.

Votre fréquentation m'a montré l'humanité sous un jour capable d'ébranler plus d'un misanthrope ; à votre insu même, elle m'a ménagé une des plus grandes satisfactions de mon existence, car elle m'a permis de constater plus d'un point commun entre nos deux routes, malgré leur divergence à l'horizon.

Incapable de modifier la mienne, j'ai pu du moins apprécier la vôtre : c'est là, je veux le répéter, qu'est tout le secret de la prompte maturité de mon affection pour vous.

La marine vous perd désormais. Ne la regrettez pas autant qu'elle a le droit de vous regretter. Voilà, comme vous le dites si justement du reste, un métier qui s'est transformé depuis que nous y avons fait notre première école ! Plus que jamais, l'*æs triplex* du poète devient indispensable à ceux que la nécessité y rive ; l'attrait a disparu, le sentiment du devoir soutient seul, car on ne peut mettre en ligne de compte les chances d'un avenir aléatoire, dont les abords sont hérissés de tortueux sentiers. En quittant la marine, vous ne quittez pas vos amis : c'est une consolation pour eux. En ce qui me touche personnellement, je vous remercie et me félicite. Les occasions de vous revoir ou de correspondre avec vous ne seront jamais trop nombreuses à mon gré. J'aime la façon dont vous avez utilisé votre démission au profit de notre bon camarade Mathieu.

Ainsi que vous l'a sans doute appris l'amiral Bouët, je suis en mission temporaire à Paris. Le but n'était pas, dans le principe, nettement défini : il s'agissait surtout de me laisser à la disposition de mon chef.

Depuis, les circonstances ont remplacé le prétexte par une raison. Le capitaine Maury, l'illustre Képler du système des vents, est arrivé à Paris, pour exposer le mode des défenses sous-marines, dont il avait si heureusement exploité les ressources au profit du Sud, pendant la guerre fédérale. Une commission a été nommée pour recevoir ses enseignements d'abord, expérimenter ensuite sur une échelle réduite, enfin appliquer définitivement aux ports de notre littoral. Je suis le plus humble membre de cette commission. Suivant toute probabilité, elle me maintiendra ici quelques mois : si je ne suis pas en septembre à Toulon, j'ai donc au moins la confiance de vous serrer la main ici. — Charmoix, avec lequel je vis, inutile de vous le dire, a été fort sensible à votre obligeant souvenir. Au premier jour, nous ferons ensemble une descente chez un photographe à votre intention. En attendant, nous vous renouvelons l'un et l'autre l'expression de nos sentiments affectueux et le témoignage de notre amitié dévouée.

Tout à vous.

COURBET.

Cette lettre et les réflexions qui précèdent sont confirmées par un portrait de Courbet peint par lui-même. Ce portrait fut fait dans des circonstances qui méritent d'être signalées.

Le célibat de Courbet, homme du monde aimable et spirituel, comme nous l'avons dit, officier très estimé et de grand avenir, généreux au point de paraître riche, faisait naître naturellement bien des aspirations et bien des idées.

De cette situation si favorable aux projets matrimoniaux, résulta pour lui la nécessité de répondre à un questionnaire intime, qui lui fut communiqué à Boyardville par un intermédiaire obligeant, et dont voici à peu près les termes : « Veuillez me dire, mon cher Monsieur X..., tout ce que vous savez sur le capitaine de vaisseau Courbet : la vie qu'il mène dans son île trop et pas assez déserte, ses jeunes et brillants galons, le désir de ses amis et les indiscrétions de l'*Annuaire*, tout me donne à penser qu'il ferait sagement de mettre sans plus tarder le cap sur le mariage.

« Prêts à l'aider dans cette délicate et importante manœuvre, il nous faut tout d'abord savoir si ses idées sont en rapport avec les nôtres. Notre bon vouloir pour lui égale notre confiance en vous, et notre discrétion est à la hauteur de l'un et de l'autre. »

Voici la réponse de Courbet à ces questions

posées à brûle-pourpoint. Elle ne se fit pas attendre :

Boyardville, 15 avril 1876.

. . . .

J'ai perdu mon père lorsque j'étais encore enfant. Mon frère aîné, devenu mon tuteur, le remplaça auprès de moi. Mon éducation a été très chrétienne ; mais, à l'École polytechnique, je jetai par-dessus bord ma pratique de la religion. Je n'en gardai pas moins entière ma foi de catholique, j'ai toujours été croyant....

Je n'ai aucune fortune patrimoniale ; tout ce que je possède se réduit à quelques milliers de francs, à la disposition de mes amis. Sans goûts de luxe, sans besoins personnels, je ne souffre pas des brusques transitions pécuniaires inhérentes à ma carrière. Je méprise les pieds plats, les plats valets, et le leur montre peut-être trop.

En service, je suis exigeant et raide. Mes officiers me craignent, mais je crois avoir leur estime. Je tâche d'être juste, d'encourager, de récompenser le mérite. Ils ne sont pas sur des roses, à Boyardville ; mais je m'efforce, en leur prodiguant le champagne et le foie gras, d'adoucir pour eux les rigueurs de la situation.

Jusqu'à ma nomination de capitaine de frégate, je n'ai guère eu le temps de songer au mariage. Quand je fus officier supérieur, une personne désireuse d'asseoir ma vie, d'assurer mon avenir, m'offrit un sac, — un

gros sac. — J'en fis rapidement le tour et repris la mer.
Inutile de vous dire que jamais je ne renoncerai à ma
carrière.

Nous regrettons de ne pouvoir jeter un plus
grand jour sur cet intéressant épisode de sa vie.
Il se rattache à l'un des traits les plus exquis de
sa nature élevée.

Dans ses fréquents voyages de Paris à Toulon,
avant d'arriver au terme de sa route, Courbet
faisait volontiers un temps d'arrêt, un long dé-
tour, pour consacrer quelques heures à des amis
de province.

C'étaient des ruraux : ruraux ayant cependant
assez vu, assez retenu, pour en estimer davantage
ceux chez qui l'heure de certain oubli ne sonne
jamais.

Éloignée des agitations du monde et des intrigues de la politique, cette retraite hospitalière
n'était pas moins ouverte à tous les souffles du
patriotisme, à toutes les choses de l'intelligence
et du cœur.

Asile des nobles traditions, milieu calme et vi-
vant, atmosphère tout imprégnée de vertus,

d'esprit et d'honneur, Courbet venait avec joie en respirer quelques bouffées, entre deux campagnes.

On comprend que de telles relations ne fussent pas entièrement rompues par l'absence.

De là, une correspondance dont nous mettons d'importants fragments sous les yeux du lecteur.

CHAPITRE II

NOUVELLE-CALÉDONIE

**Impressions de voyage. — Salons du gouverneur.
Pénitenciers.**

Paris, 30 mai 1880.

Vous vous demandez sans doute ce que je deviens ;
l'*Officiel* vous l'apprendra demain. Le conseil d'amirauté n'était qu'une étape entre deux corvées, celle de
deux années d'escadre que je commençais à oublier et
celle qui se prépare. La confiance du ministre m'appelle au gouvernement de la Nouvelle-Calédonie !!!

Je crois superflu de vous dire que je n'ai point sollicité ce périlleux honneur. L'amiral Jauréguiberry me
l'a offert dans des termes qui ne me permettaient pas
d'hésiter ; après vingt-quatre heures de réflexion, après

avoir consulté l'amiral Dompierre d'Hornoy [1], qui est
resté mon ami après avoir été mon chef, je me suis ré-
signé, j'ai accepté.

Je pars dans une quinzaine.

Aden, 29 juin 1880. (Par 31° centigrades.)

Plus heureux que Pharaon, j'ai passé la mer Rouge
sans encombre. C'est évidemment à la pureté de mes
intentions que je dois cette faveur du ciel : Dieu sait
bien que je n'ai point intrigué pour obtenir le gouvernement de la Nouvelle-Calédonie. En attendant la récompense qu'il me réserve dans l'autre monde, je cons-
tate le témoignage de sa bonté qu'il me donne en celui-ci. Nous sommes à peu près quatre cents sur le
« Kaiser i Hind » qui avons échappé au sort funeste
mais bien mérité de l'armée égyptienne. *Submersi sunt
sicut plumbum in aquis vehementibus* [2]. N'allez-vous pas
me trouver pédant ? — N'importe, je poursuis.

1. C'est l'amiral d'Hornoy qui a dit devant le comité chargé
d'élever un monument à Courbet :

« L'amiral Courbet avait toutes les supériorités : celles de l'esprit et celles du cœur ;

« Tous les courages, devant le danger comme devant les responsabilités ;

« Tous les dévouements : d'abord et avant tout à la patrie,
puis à ses subordonnés, qu'il considérait comme ses enfants; enfin,
à ses amis et à sa famille.

« C'était un grand caractère. »

2. Cantique de Moïse.

Dans ce moment, je ne compte pas moins d'une vingtaine de jeunes Anglaises qui me paraissent aspirer avec ardeur à la terre promise. Je ne sais si la navigation encourage ou développe les tendances naturelles de cette jeunesse; mais, au bout de quarante-huit heures, il était impossible de ne pas voir que, parmi les passagères de vingt-cinq à trente-cinq ans, chacune d'elles avait distingué celui auquel elle croyait les meilleures chances de faire son bonheur. Une d'elles s'est fourvoyée cependant, paraît-il, car depuis deux jours elle a changé son cœur de côté. Cette exception confirmant la règle, toutes semblent avoir agi avec une sûreté de coup d'œil qui fait le plus grand honneur à leur éducation. Une fois leur parti pris, il faut les voir à l'œuvre : sourires, œillades, rencontres fortuites, conversations prolongées, petites moues, mouvements de jalousie, rien n'y manque. Le siège est fait en règle ; il est poussé avec d'autant plus d'activité qu'on se séparera peut-être dans une dizaine de jours à Pointe-de-Galles, dans une vingtaine à Port-Adélaïde : il faut que tout soit bien arrêté, conclu avant ce fatal moment. Et j'ai confiance, tout sera effectivement entendu, même pour celle qui s'était trompée de chemin. La malheureuse n'était-elle pas tombée sur un homme marié, que sa jeunesse et sa candeur lui avaient fait prendre pour un appelé ! La plupart de ces jeunes filles ne brillent point par l'ampleur des formes; les profils sont généralement ratés; je ne vois guère de bien saillant qu'une paire de dents du plus bel ivoire, vers le milieu de la mâchoire supérieure, et des pieds avec lesquels il est impossible de perdre l'équilibre. Sauf ces particularités, la nature ne s'est pas montrée, pour le physique, d'une prodigalité comparable à celle qu'attestent, pour le moral, les tendances sociables si nettement accentuées dont je viens de vous dire un mot. De leur esprit je ne saurais juger. C'est tout au plus si je me fais entendre du valet de chambre et des maîtres d'hôtel ; quant à elles, ainsi qu'à leurs mères, plusieurs parlent évidemment un peu le français : l'amour-propre leur fait un devoir de ne point en abuser.

Le bâtiment marche bien, trop bien même ; nous pouvons compter sur une traversée plus rapide que les plus belles. Sous ce rapport, le hasard nous sert, car il s'agit d'un essai de vitesse avec une ligne rivale, et la Compagnie péninsulaire a choisi son meilleur navire. Que n'a-t-elle mis son meilleur cuisinier à bord ! Que dis-je ? son meilleur ne vaut évidemment rien ; rien pour un Français dont l'estomac ne se fait guère volontiers à l'ordinaire pimenté, muscadé, poivré, gingembré, etc., de nos voisins d'outre-mer, s'accommodant encore moins des excès de cet ordinaire, auquel ils se livrent avec plaisir et presque par hygiène, aussitôt qu'ils ont franchi le canal de Suez.

Sans préventions, sans parti-pris, je suis textuellement réduit aux viandes bouillies et aux pommes de terre. Le reste jouerait certainement un mauvais tour à mon estomac délabré.

Sur trois officiers que j'ai avec moi, deux sont logés à la même enseigne. Ce sont là de minces inconvénients de la vie de bord.

Je serais bien injuste si je ne vous disais un mot des compensations. Tous les soirs, après le dîner, la pureté du ciel et le calme de l'atmosphère aidant, grande exhibition de talents : nos jeunes personnes se disputent le plaisir de charmer, les unes par leur habileté sur le piano, les autres par leur chant. Plusieurs sont agréables à entendre, et toutes sont chaleureusement applaudies ; mais ces bravos entretiennent fatalement chez la plupart d'entre elles un goût immodéré pour un art ingrat. Le ménage les en délivrera, je le sais ; mais, en attendant, qu'un ami sincère leur rendrait donc service, et à nous également ! Hier dimanche, musique religieuse, cantiques en chœur. Hommes et femmes, tout le monde s'en mêlait. Cela ne diminuait pas les discordances ; le caractère de la réunion se chargeait de les faire oublier. C'était positivement édifiant. Ce qui frappe le plus en pareil cas, c'est l'absence complète de respect humain en matière de religion. Les Anglais ne paraissent point soupçonner ce faux amour-propre qui, chez nous, paralyse tant de bonnes intentions.

Je n'ai fait que traverser l'Italie. En quarante-huit heures j'ai vu vingt villes ! par-dessus les barrières du chemin de fer. Ce voyage ne m'a pas chargé la mémoire, et ne m'a enlevé aucune des chances de surprise que promet une véritable excursion dans le pays où fleurit l'oranger. Je le ferai certainement à mon retour [1].

1. Ce voyage rapide à travers la France et l'Italie est celui que la malle anglaise fait chaque semaine depuis 1870, en fran-

Adélaïde, 22 juillet 1880.

Je commence à approcher du terme de mon voyage.
Dans cinq jours, nous serons à Sydney. Une semaine
plus tard, je toucherai enfin le sol de la Nouvelle-Calédonie. Il me tarde d'en être là, d'abord pour ne plus
être ici, pour avoir quitté cet affreux paquebot, dont la
marche supérieure ne compense point l'absence de confortable; ensuite, pour voir un peu de mes propres
yeux cette colonie dont on m'a fait un si piteux tableau.
Non que j'espère d'agréables surprises, je suis prévenu
que je n'en dois pas attendre; je tiens seulement à mesurer le plus tôt possible l'étendue de la corvée dont
notre gracieux ministre a daigné me favoriser. J'ai appris en route que la Chambre, entraînée par un éloquent
discours de Gambetta, a voté l'amnistie plénière.
Qu'aura fait le Sénat? Quoique le reliquat des égarés
s'élève, au plus, à trois cents ou trois cent cinquante,
comme c'est le dessus du panier, je renverrai volontiers
à Belleville ses plus chers enfants. Qui sait si mon
remplaçant ne se trouve point parmi eux? — Je parie
que vous avez pris quelque intérêt à ces jeunes Anglaises
si bien convaincues que leur mission ici-bas est de devenir épouses et mères, si empressées de faire tout ce

chissant en 48 heures les 2,200 kilomètres qui séparent Calais de
Brindisi: c'est une vitesse de 90 kilomètres à l'heure, s'élevant
parfois jusqu'à 112 kilomètres.

qu'il faut pour remplir les vues du Créateur. Quatre d'entre elles nous ont quittés à Pointe-de-Galles, car elles vont à Hong-Kong. Leur roman se dénouera dans les mers de Chine. Mes souhaits les accompagnent. Quant aux autres, les sauterelles se sont un peu abattues sur leurs moissons. Un malheureux coup de vent de sud-ouest en est la cause. Le mal de mer s'est mis de la partie. D'un côté comme de l'autre, on se trouvait peu disposé à se dire des choses tendres, et on a perdu ainsi une semaine précieuse. Pendant que les estomacs se remettaient d'aplomb, les soupirants se demandaient sans doute si on peut avoir une saine notion du bonheur quand la digestion est troublée; bref, il ne reste que deux ou trois survivants de cette mêlée, et ceux-là ont subi une épreuve décisive. J'entends autour de moi augurer favorablement du succès définitif de la combinaison. Les mamans reçoivent des compliments qui leur sont bien dus, et témoignent avec effusion leur confiance dans la félicité des jeunes ménages. Ce sont là, me direz-vous, des Anglaises pour l'exportation. Je le croyais aussi. Eh bien! il paraît que non. Il y a pas mal d'exemples semblables de l'influence des grands spectacles de la nature sur les palpitations du cœur. Le bonheur s'improvise assez souvent entre le ciel et l'eau. J'ai sous les yeux un autre spécimen des mœurs des Trois-Royaumes : une jeune personne de vingt-quatre ans, fiancée depuis dix-huit mois à un clergyman de la Nouvelle-Galles, qui n'avait pas alors un troupeau capable de nourrir sa bergère; aujourd'hui, les ouailles sont devenues ou plus nombreuses ou plus généreuses, paraît-il, car la demoiselle va rejoindre *seule* celui qui a son cœur et sa foi. Je dois lui rendre cette justice: c'est qu'au milieu des jeunes écervelés qui courent avec ardeur le *steeple-chase* du mariage, la fiancée se distingue par une tenue irréprochable, une réserve sans morgue, une affabilité sans prétentions. Elle a la conscience des égards qui lui sont dus; et, effectivement, il n'est d'attentions, de prévenances dont on ne l'entoure. Placée sous la protection du pavillon anglais, le trésor du clergyman ne se trouve pas moins bien gardé par la galanterie de tous ceux qui l'entourent. Les autres passagers ne méritent guère une mention spéciale : trois familles de laboureurs australiens formant ensemble un stock de vingt-huit convives, une douzaine de négociants de la Nouvelle-Galles, un dompteur que sa ménagerie a devancé à Sydney, un industriel qui va montrer le diorama de la guerre du Zululand, quelques chercheurs d'or et un monsieur qui en a trouvé, qui exploite une mine très riche à petite distance de Melbourne; enfin, un pasteur embarqué à Pointe-de-Galles, dont l'arrivée a été saluée avec enthousiasme par les réformés, qui ont maintenant leur office du dimanche et leur prêche tout comme sur la terre ferme. — Nous tombons ici en plein article 7. La question de l'enseignement agite l'État de Victoria non moins vivement que la France. . . . . .

— Parviendrez-vous à me lire? Ma vilaine écriture est encore empirée par cette espèce de carton qui boit. C'est le seul papier que j'aie trouvé à Pointe-de-Galles, ou plutôt celui dont l'apparence m'a paru la meilleure, pour remplacer ma provision de voyage trempée par une baleine [1].

Nouméa, 18 septembre 1880.

Six semaines de Nouvelle-Calédonie sont insuffisantes pour refouler le courant de mes préventions. J'ai beau me dire et me répéter que mon sort est enviable, que beaucoup de Français seraient heureux de fouler cette terre arrosée des larmes des victimes de la réaction, qu'un plus grand nombre encore ambitionnent l'honneur de la gouverner; cela ne me raccommode point avec elle, ne la relève guère dans mon opinion, ne lui donne point à mes yeux un de ces charmes auxquels tout esprit libéral, tout cœur vraiment généreux devrait se montrer sensible. Il me manque décidément quelque chose. Comment! mais quand j'écris *Nouméa* en tête de mes lettres, j'éprouve la plus singulière impression. Je fais instinctivement un rapide examen de conscience, je me surprends à rechercher ce que j'ai bien pu commettre pour mériter de me trouver ici. Et cependant, j'ai parfois de douces satisfactions. Il y a quinze jours, je recevais les malédictions de Lullier, à qui j'avais refusé de le rapatrier par les paquebots de la Compagnie péninsulaire; pour le même motif, Lisbonne, Regère..., me menaçaient des foudres de la République; Louise Michel me manifestait son dédain en

1. Paquet de mer embarqué par un hublot.

recueillant le prix de son passage par une souscription fraternelle. Que vais-je devenir sans ces agréables diversions? car *le Navarin* vogue aujourd'hui vers la mère patrie avec une collection choisie de futurs préfets, trésoriers généraux, magistrats, députés, ministres même. A part deux mille colons libres, dont la majeure partie n'a pas eu de relations suivies avec les tribunaux, il ne me reste plus que cent cinquante déportés graciés, six mille forçats et deux mille libérés, pour peupler ce pays d'honnêtes gens. La tâche est digne d'un philanthrope. Que ne le suis-je! En résumé, je ne m'acclimate point vite; je défie à peu près l'ennui, tant la besogne abonde ici, tant les occupations sont nombreuses et variées; je le défierais tout à fait si les heures de loisir étaient agréablement remplies. Malheureusement, il ne manque pas de fâcheux qui viennent exercer ici une petite industrie dans mon salon. Vainement j'ai fait mettre sur toutes les tables, dans tous les coins, des jeux de patience, solitaires, casse-têtes, questions, etc., ils ne tentent point ceux dont la conversation est lourde. On me fait espérer que c'est l'enthousiasme des premières semaines; que, quand on connaîtra bien ma figure, la couleur de mes cheveux, le son de ma voix, surtout quand j'aurai un peu tari les sources de bière et de cigares, que l'empressement diminuera. Je me plais à l'espérer: car, franchement, cinq jours de la semaine je me contenterais de mon entourage, qui est bien. Aux trois lieutenants de vaisseau que j'ai amenés de France, j'ai adjoint ici un capitaine d'infanterie de marine, homme de bonne éducation, qui ne dépare point l'ensemble. Je ne connais encore que quelques dames, celles des chefs de l'administration; mais le jour approche où je pourrai embrasser d'un seul coup d'œil toute la population féminine de Nouméa. Le 24, jour anniversaire de la prise de possession de l'île en 1853, il y a des courses de chevaux; oui, vous avez bien lu, des courses de chevaux. Et le soir on danse au Gouvernement. Toilettes de ville d'abord, toilettes de bal ensuite. J'aurai tous les éléments désirables d'appréciation en quelques heures. Je vous raconterai comment cela se sera passé. En attendant, je mets sous ce pli une photographie de mon domicile. C'est au rez-de-chaussée que se trouvent les salons, salle à manger...; le premier contient quatre à cinq chambres à coucher. L'espace ne me manque pas, vous le voyez, pour recevoir les amis, et ce sont les amis seuls qui me font défaut. Je ne vous propose point un train de plaisir pour les antipodes, quoique le climat soit fort engageant, la campagne superbe.

Nouméa, 10 décembre 1880.

... Je gouverne un triste pays ou plutôt de tristes gens, car les ressources naturelles abondent et la prospérité atteint inévitablement le colon qui apporte ici l'amour du travail. Ce n'est malheureusement pas le plus clair du bagage de nos immigrants. La plupart, avant de s'ébattre sur une terre aussi lointaine, ont fait leurs preuves ailleurs, et traînent derrière eux les causes de leur insuccès, sous n'importe quel ciel. D'autres,

ambitieux d'une fortune rapide, suivent la grosse caisse
d'un banquiste, se laissent arracher leurs meilleures
dents; après quoi, ils tombent dans la tourbe nécessi-
teuse des victimes de la colonisation, maugréant contre
l'Administration, contre le Ministère, contre les Chambres, contre la loi, quémandant des sursis, des dégrè-
vements, des indemnités même. Vous devinez ce que
le suffrage universel produit avec de tels électeurs.
Voyez le conseil municipal de Nouméa, par exemple,
une invention de mon prédécesseur, une pensée libé-
rale, comme on dit au Palais-Bourbon. On y compte
plus d'un Bellevillois, car *le Navarin* ne les a pas tous
emportés. Cent cinquante, environ, ont demandé et obtenu, à la suite des diverses amnisties ou grâces, l'autorisation de planter leurs tentes sur cette terre arrosée
de leurs larmes. La plupart y subviennent à leurs besoins, honnêtement; quelques-uns exercent des profes-
sions lucratives. Ils ne se soucient guère de participer
à une nouvelle insurrection: la presqu'île Ducos les en
a dégrisés. Cependant ils ne renient point leur glorieux
passé; ils ne dédaignent point la politique, les voies
qu'elle peut ouvrir dans un milieu de déclassés. On
peut la mener de front avec les affaires; et au moins on
est quelque chose, en réalité ou en perspective. Quelque
jour, un député et un sénateur émergeront des prisons
de Nouméa : qui peut savoir quel sera l'élu?[1]. Je ne

1. Les sieurs Amouroux et Roques, dit Filhol, tous les deux
condamnés à mort et ensuite aux travaux forcés par la cour de
Versailles, étaient au bagne de Nouméa. Ils ont été effectivement
élus députés de la Seine.

parle point là des intransigeants, des vieilles barbes qui ont voué l'humanité à la réprobation éternelle. Il y en a environ une trentaine. Rien ne peut leur faire oublier que le prêtre est fait pour être mangé, la propriété pour être pillée, la fortune publique pour être dilapidée et les gouverneurs pour être fusillés. Tièdes ou ardents, les restes de la déportation ont une influence fâcheuse sur la population libre, qui, comme partout, déteste la lutte et compte, du reste, un assez grand nombre de décavés pour accélérer, au besoin, une fermentation naissante. Cette source d'ennuis est la moindre (un autre jour je vous parlerai des autres); mais, à elle seule, elle suffit pour m'empêcher de m'expliquer comment l'amiral J., ministre de la marine, ait songé à me donner un pareil gouvernement. Quoique je n'aie jamais fait retentir les couloirs du ministère de ma profession de foi, on sait cependant que je suis catholique par héritage et par conviction; on sait que j'ordonne plus volontiers que je ne discute. En fallait-il davantage pour m'écarter? — Du grave au doux. La société de Nouméa est mêlée, archi-mêlée. Ban et arrière-ban, on peut réunir une cinquantaine de dames. Dispensez-moi de détails sur le compte de plusieurs : vous frémiriez. Je ne choisis pas, j'invite par l'*Officiel*, je tourne l'obstacle. Pourvu qu'on présente un contrat de mariage en règle, le concierge laisse entrer. Tout ce monde-là raffole de danses et de gâteaux. Les salons du gouvernement sont vastes, le parquet est excellent, et le cuisinier pâtisse comme Félix.

Au revoir, quand le conseil municipal aura obtenu

mon remplacement ! Si je pouvais décemment appuyer ses démarches, je le ferais volontiers. Avec l'amiral Cloué, mes chances de les voir réussir diminuent ; la situation n'est pas incompatible avec mon nouveau grade, et mon ancien chef me donnera certainement un témoignage de sa confiance en m'y maintenant. Il n'ignore pas cependant le fond de ma pensée sur ce sujet. Ne comptez pas sur moi avant la fin de 1882 [1].

1. Dans ses lettres, Courbet ne parle pas de la loge maçonnique de Nouméa. La franc-maçonnerie pourtant est toute-puissante dans les colonies ; elle dirige tout en Calédonie. C'est la loge qui a donné à Rochefort ses moyens d'évasion. Elle avait alors pour secrétaire M. Le Bouchez, qui, après une carrière des plus agitées, a été le premier gouverneur civil de la Nouvelle-Calédonie. Il est actuellement gouverneur de la Guadeloupe. Voir, note A, en quels termes il a fait l'éloge de son illustre prédécesseur.

Courbet a dû signaler au ministre l'action de la loge de Nouméa. Elle fut fermée par l'amiral Ribour, dans la mission spéciale qui lui fut confiée à cet effet. L'amiral de Pritsburg la maintint dans cet état, malgré les sollicitations pressantes dont il fut assailli.

Après le 16 mai, l'amiral Olry reçut l'ordre de la laisser s'ouvrir. Ce sont les conditions dans lesquelles la trouva Courbet.

La loge de Nouméa, après avoir reçu du Grand Orient une réponse évasive touchant l'attitude à garder vis-à-vis des déportés francs-maçons, prit une décision en vertu de laquelle elle considérait que la qualité de maçon n'avait pas été perdue par le seul fait de la condamnation à la déportation, et qu'en conséquence elle recevrait les déportés visiteurs, munis de pièces régulières.

Nouméa, 26 février 1881.

Vous voulez bien espérer que je ne m'éterniserai
point dans ce lointain pays. C'est le souhait que m'a-
dressent tous mes amis et que je m'adresse à moi-
même. Après sept mois d'expérience, le gouvernement
de la Nouvelle-Calédonie manque encore plus de charme
que le premier jour. C'est un vrai nid à difficultés, une
source intarissable d'ennuis. Tantôt c'est un pénitencier qui s'agite, un condamné qui saute à la gorge d'un
surveillant, une évasion de forçats avec enlèvement de
factionnaires. Une autre fois, c'est le colon qui se plaint
du soleil, de la pluie, des sauterelles, de tout enfin,
sauf de lui-même. Aujourd'hui, c'est le conseil municipal qui veut prendre du panache. Naturellement, nous
ne nous entendons point là-dessus : je ne compte plus
les délibérations annulées. Quand ils seront fatigués
de s'égosiller sur ces questions, j'aime à croire qu'ils
songeront à demander ma révocation. Georges Périn,
qui de son fauteuil du Palais-Bourbon veille sur les
destinées de la Nouvelle-Calédonie, ne saurait faire
trop d'efforts pour que l'on m'épure, s'il tient à conserver sa popularité. De mon côté, j'ai écrit à l'amiral
Cloué, etc.

M. Georges Périn venait de renouveler une
fois encore à la tribune ses attaques contre les

missionnaires, qu'il ne craignait pas de présenter sous un jour ridicule ou odieux. C'étaient les missionnaires de la Nouvelle-Calédonie qu'il visait plus particulièrement dans la discussion soulevée à propos de l'énorme subvention accordée à la ligne australienne. Il rééditait contre eux les étranges et puérils chefs d'accusation lancés dans les dernières années de l'Empire par un gouverneur intolérant, phalanstérien et libre penseur. Ses utopies administratives tentées en Nouvelle-Calédonie n'avaient abouti qu'au ridicule. Le commandant Guillain, qui en était l'auteur, n'avait pas manqué d'attribuer aux missionnaires la cause de ses échecs [1]. Entre autres reproches qu'il leur adressait, il en est un auquel on ne s'attendait guère : celui d'enseigner le latin à leurs élèves,

1. C'est le commandant Guillain dont le baron Reille, en répondant au discours de M. Georges Périn, a fait connaître l'intolérance et le libéralisme en matière d'enseignement. Voici le fait : En 1864, deux pauvres religieuses qui croyaient pouvoir venir librement prodiguer à l'enfant du sauvage leurs soins évangéliques, n'ont pu ouvrir leur école de filles qu'après s'être présentées, *conformément à l'article 6, paragraphe 2, de l'arrêté du 15 octobre,* devant la commission d'examen chargée de leur délivrer un brevet de capacité ! Et cependant l'une d'elles, Mlle B..., fille d'un officier supérieur de la marine, venait d'achever son éducation dans l'un des premiers pensionnats de France !

au préjudice de la langue française. C'est le
même reproche que nous retrouvons, vingt ans
après, dans le discours de M. Georges Périn,
après l'avoir rencontré déjà sous la plume d'Henri
Rivière [1].

Nouméa, 13 mai 1881.

J'ai reçu hier seulement votre bonne lettre du mois
de novembre. Elle a pris le chemin que Cook suivit en
1774, quand il découvrit la Nouvelle-Calédonie, le chemin que les bâtiments à voile suivent encore aujour-
d'hui. C'est par ceux-ci qu'une partie de notre correspondance nous parvient, grâce aux progrès accomplis
dans le service des postes depuis qu'il y a un ministère
exprès. Il faut le voir pour le croire : dès qu'une malheureuse lettre pour les Antipodes se présente à un
guichet français avec un simple timbre de quinze centimes, l'employé la destine à la grande navigation, la
dirige sur Bordeaux, où elle attend patiemment le départ d'un trois-mâts pour nos parages ; nous sommes
trop heureux quand celui-ci ne relâche pas à Taïti ou à
San-Francisco. Notre colonie jouit d'une médiocre répu-
tation, et la mérite, je le sais ; mais est-ce une raison
pour que M. Cochery nous refuse crédit jusqu'à la sur-
taxe ? Pourvu que vos autres lettres ne se soient pas
égarées ainsi sur les Océans!.. — Il y a un mois, je me

1. *Souvenirs de la Nouvelle-Calédonie.* Calman-Lévy, 1881.

demandais si mes démêlés avec le conseil municipal de
Nouméa ne provoqueraient point mon remplacement
à court délai, et cette perspective me souriait beaucoup.
J'ai perdu toute chance pour le moment, car le ministre
a approuvé tous les *mauvais traitements* que j'ai infligés
aux élus du suffrage universel. Cela sauve l'école des
Frères jusqu'à nouvel ordre, et la chapelle ouverte dans
leur établissement. Serai-je aussi heureux en ce qui
concerne les Maristes ? Je les considère comme sécularisés de fait, par cela seul qu'ils appartiennent à une
mission placée sous l'autorité immédiate d'un vicaire
apostolique, relevant directement du Saint-Siège. C'est
l'opinion que je désirerais faire prévaloir: elle assure-
rait l'avenir en même temps que le présent, fermerait
toutes les bouches, et couperait court aux incessantes
récriminations de nos administrés. La plupart de ceux-
ci, au reste, ne *braillent* tant que parce qu'ils croient
que l'expulsion des Maristes entraînerait la vente des
terres concédées à la mission : or ces terres sont de
véritables propriétés diocésaines ; la congrégation des
Maristes n'en possède pas un pouce. Mais allez donc
fourrer ça dans la tête de pareilles gens.

Nouméa, 10 juin 1881.

Évidemment vos lettres s'entêtent à doubler les caps,
car je me refuse à penser que vous abandonniez un
ami dans l'exil. Le jour où je les recevrai, elles n'auront pas moins de prix à mes yeux ; mais toutes mes

bonnes dispositions ne sauraient rajeunir les nouvelles qu'elles m'apporteront de vous et des vôtres. Cinquante jours de date, c'est déjà trop ; ne pouvant mieux faire, on s'y résigne. *Quand il s'agit de six mois, on a au moins le droit de maudire M. Cochery :* nous ne nous en privons pas. Aussi bien ne mérite-t-il guère notre reconnaissance et nos sympathies pour le projet de loi qui concède aux Messageries maritimes la ligne française des paquebots de la Nouvelle-Calédonie. Ces braves députés se figurent avoir fait quelque chose d'utile à la colonie le jour où ils ont voté une énorme subvention et cherché une mauvaise chicane aux missionnaires, à propos de la gratuité de leur passage. Ils ont montré une fois de plus qu'en dehors des intérêts électoraux il n'y a rien de sérieux à leurs yeux. Les représentants de Marseille et de Bordeaux se sont vaillamment disputé l'huître ; finalement, c'est la Compagnie qui la mange, et la Nouvelle-Calédonie la regardera faire pendant une bonne vingtaine d'années, sans en tirer le moindre profit.

Que dis-je ? Le débat entre Aquitains et Phocéens a eu un intermède aussi éloquent qu'inutile : je veux parler du discours de Mgr Freppel. L'éminent orateur était trop loin de nous pour posséder à fond la question. Et d'abord il n'a pas assez insisté sur les services rendus à la colonie par les missionnaires. Et Dieu sait pourtant que de légitimes témoignages pouvaient leur être rendus !

En second lieu, il n'a pas proclamé assez haut que les Maristes de la Nouvelle-Calédonie ne tombent pas sous le coup des décrets du 29 mars. Ils n'ont à faire ici, en effet, et ils ne font aucun acte d'affiliation à la congrégation à laquelle ils ont appartenu, congrégation qui les regarde comme des membres morts. Ils sont sécularisés par le fait, et leur mission placée sous l'autorité directe du vicaire apostolique. C'est leur évêque, évêque indépendant, ne relevant que du Saint-Siège, dont il est le représentant direct. Il a charge du temporel comme du spirituel de la mission.

Toutes les concessions et acquisitions appartiennent à la mission : les titres l'indiquent formellement. Le vicaire apostolique en est l'administrateur, comme les évêques de France sont les administrateurs des biens diocésains. Voilà par quels arguments Mgr Freppel aurait pu défendre nos missionnaires et les mettre à tout jamais hors des atteintes des décrets. Ils sont irréfutables ; ils ne pouvaient être mieux placés que dans la bouche de l'éloquent prélat.

Ce sont les arguments que j'ai soumis au ministre. Serai-je assez heureux pour les faire accepter ?

On est surpris de voir Courbet, en fait de droit canon et d'administration ecclésiastique, vouloir en remontrer à Mgr Freppel. La boutade est d'autant plus piquante, que le vaillant évêque auquel il l'adresse ne devait pas tarder, hélas ! à être son éloquent panégyriste.

Les idées que nous voyons si nettement tracées

dans cette lettre, n'étaient naturellement point à l'état natif ou préconçu dans l'esprit de Courbet. Ce n'est que peu à peu et non sans résistance qu'il les accueillit, les adopta, les défendit, les fit siennes.

Voici comment :

Nous avons vu, dans la lettre du 29 juillet de l'année précédente, qu'à son arrivée à Melbourne il avait retrouvé en plein parlement australien les traces de l'agitation soulevée chez nous par l'article 7. C'était l'origine des décrets.

En passant à Sydney, quelques jours plus tard, il eut l'occasion de s'en entretenir longuement avec Mgr Fraysse, tout récemment nommé vicaire apostolique de la Nouvelle-Calédonie. L'évêque missionnaire, fort jeune encore, venait de recevoir à Melbourne, des mains de l'archevêque, sa consécration épiscopale. Il attendait à Sydney le passage du paquebot qui devait le ramener à son poste. Ce fut pendant ce temps que Courbet arriva.

Comme tous les Français présents dans cette ville, l'évêque s'empressa de venir saluer le nouveau gouverneur.

— Ah! Monseigneur, que d'embarras vous allez me donner! lui dit Courbet en lui tendant les deux mains. Votre situation m'inquiète, vous le savez. Qu'allons-nous faire de vous?

— Mais, amiral, rien de mauvais, je suppose. Vous vous exagérez, je crois, les difficultés de la situation. Dans tous les cas, nous comptons bien sur vous.

— Oh! sur moi, vous avez raison : je suis à vous de cœur. En quittant Paris, je ne l'ai point caché au ministre. Je lui ai dit que s'il m'envoyait en Nouvelle-Calédonie pour me faire exécuter les décrets, il pouvait en prendre un autre : je n'étais pas son homme. — Partez, partez toujours, m'a-t-il répondu en m'éconduisant poliment vers la porte. On a besoin de vous là-bas. Il ne s'agit pas de décrets pour le moment; le cas échéant, on vous enverrait des instructions. Vous entendez, Monseigneur, des instructions. Mais quand viendront-elles? à quoi m'obligeront-elles?

— A rien de fâcheux pour nous, amiral, je vous le répète.

Mgr Fraysse essaya de donner à l'amiral un premier aperçu des idées que nous voyons si clairement exposées dans sa lettre. Au début, ces idées furent loin de le convaincre, tant elles étaient neuves pour lui.

— Sans doute, Monseigneur, j'entrevois bien là, à la rigueur, une échappatoire; mais allez donc faire entrer cette casuistique dans la tête de nos gouvernants !

Je ne l'espère pas. En tout cas, Monseigneur, nous devons nous revoir. Nous aurons à revenir sur le même sujet.

Le lendemain, l'amiral partait sur *le d'Estrées*, l'évêque sur le paquebot anglais. Ces deux hommes faits pour s'entendre ne tardèrent pas à se rencontrer de nouveau. C'était à Nouméa, au siège du gouvernement. Mgr Fraysse avait résumé ses observations dans un rapport sommaire. Courbet en écoute la lecture avec toute l'attention qu'il savait apporter aux affaires.

— Je ne comprends pas ce passage, Monseigneur : ayez l'obligeance de le relire. — Et ce mot? pourquoi ce mot? que veut-il dire? — Et cela encore? — Ah !... bien! je comprends. Laissez-moi ce rapport.

Ce rapport de l'évêque finit par être si bien compris, apprécié et assimilé par Courbet, qu'il fut envoyé par lui et en son nom, presque en sa forme et teneur, au ministre de la marine. C'était l'amiral Cloué. Comme nous le dit Courbet dans la lettre suivante, ces propositions ne pouvaient arriver à un moment mieux choisi : elles tiraient d'embarras le Ministre de la marine et M. de Freycinet, engagés dans une délicate affaire avec le Saint-Siège, au sujet d'une intervention inopportune auprès des Pères du Saint-Esprit.

Ces propositions, extraites du rapport de l'évêque, furent accueillies par l'amiral Cloué comme elles l'avaient été par Courbet : le courrier suivant les rapportait à Nouméa presque intégralement approuvées. Rien d'étonnant que les considérants sur lesquels s'appuyait le ministre pour motiver le maintien des Maristes dans la colonie fussent les mêmes que ceux que Courbet avait mis en avant.

Dès l'arrivée du courrier de France, Courbet s'empressa d'appeler l'évêque.

— Tenez, Monseigneur, prenez et lisez. Vous reconnaissez-vous?

L'évêque lut et sourit.

— En effet, dit-il, ce sont les mêmes idées, presque les mêmes mots. J'en prends une copie : vous permettez, amiral?

— Ah! pour ça non. Lisez tant que vous voudrez.

Mais pas de copie! pas de texte officiel en circulation!
Il n'est pas bon de livrer les dépêches. Quant au sens,
c'est autre chose. Je désire, au contraire, qu'il soit
connu ; et pour cela, dès aujourd'hui j'assemble mon
conseil, mon fameux conseil, vous le connaissez. Je
lui lis la dépêche sous le sceau du secret, et ce soir
même toute la ville la connaît. Mais rien d'écrit! c'est
tout ce qu'il me faut.

Nouméa, 2 août 1881.

J'ai reçu presque le même jour vos lettres du 16 janvier et du 14 mai. La première, fidèle aux traditions de
la vieille marine, a affronté les glaces du cap Horn ;
mais le froid ne paraît guère avoir accéléré sa marche.
La seconde a préféré le canal de Suez, et je me plais à
espérer que votre bureau de poste d'Entremont donnera
désormais le même conseil aux autres. Aussi bien ai-
je carillonné à toutes les portes du ministère pour que
notre correspondance participe sans réserve aux bienfaits de la révolution de 89 et jouisse de l'égalité devant le guichet, comme si nous avions encore des
déportés de distinction [1].

1. La route dont Courbet déplore les lenteurs est celle que
suivirent les navigateurs espagnols du seizième siècle, celle du détroit de Magellan et du cap Horn, la route du Pacifique par
l'Ouest. C'est la même route que Courbet avait suivie, vingt ans
auparavant, dans son voyage autour du monde sur *la Capricieuse*.
C'est encore par l'Ouest, mais dans des régions tempérées, que les
paquebots de Panama et de San-Francisco arrivent dans l'Océanie.
La route des Portugais était par l'Est, par le cap de Bonne-

Le dernier courrier a apporté la bonne nouvelle relativement aux Maristes. Le ministre accueille ma manière de voir en ce qui les concerne. Autant même que je puis lire entre les lignes, ma lettre a jeté une lumière inattendue dans le concile des chefs de bureau qui tranche ces graves questions; peut-être l'a-t-elle tiré d'un sérieux embarras.

En revanche, nos écoles congréganistes se voient menacées dans leurs moyens d'existence par l'institution prochaine d'un conseil général.

Oui, vous avez bien lu, un conseil général! un nouveau produit du suffrage universel : comme si l'expérience du conseil municipal ne devait dégoûter pour longtemps de puiser à cette source! Superflu d'ajouter que, consulté sur l'opportunité de l'innovation, je me suis catégoriquement prononcé pour l'ajournement : le ministre a passé outre... Mais revenons à nos moutons. Frères et sœurs sont installés dans des bâtiments qui font partie du domaine de la colonie. Le conseil municipal les avait vainement revendiqués, dès mon arrivée, au profit des écoles communales. Le futur conseil général, probablement pétri de la même farine, se montrera sans aucun doute plus accommodant, et fera de ces immeubles son don de joyeux avènement. Nous pourrons y suppléer, je l'espère. Il sera plus dif-

Espérance. Aujourd'hui c'est Suez qui y conduit. « Pour le voyageur qui arrive par la mer des Indes, » dit M. de Varigny, « Java, Sumatra, Bornéo, sont les portes ensoleillées de l'océan Pacifique. » C'est dans cette direction que Courbet y arriva, par la ligne australienne de Ceylan à Sydney.

ficile de retrouver la subvention annuelle, si le ministre ne prescrit de l'inscrire au budget local comme dépense obligée.

Grand merci à Mme X*** de l'estime et de l'affection qu'elle veut bien me témoigner ! Convenez cependant que sa confiance l'entraîne un peu loin, quand elle me suppose assez bien doué pour offrir à Mlle *** les chances d'un bonheur réel et durable. Les qualités sérieuses et brillantes de cette personne accomplie ne sauraient me faire oublier qu'ayant différemment dirigé ma vie, je pourrais avoir une fille de son âge. Que d'autres passent bravement sur une différence de vingt-cinq à trente ans, je ne les blâme ni ne les envie ; pour moi, je considère cet obstacle comme insurmontable. Je serais même fort surpris de ne pas vous avoir édifié là-dessus.

Nouméa a célébré la fête du 14 juillet avec un éclat qui doit inspirer les plus sérieuses réflexions aux réactionnaires. La journée s'est terminée le lendemain dans mes salons, au lever du soleil. J'ai eu la satisfaction de réduire les jambes les plus intrépides et de rassasier des estomacs insondables. La ville et la campagne avaient répondu à l'appel du journal officiel. Il y avait plus de quatre-vingts dames ; les cavaliers ne se comptaient point.

Nouméa, 14 octobre 1881.

Il y a aujourd'hui quatre ans, j'ai eu le plaisir de passer la journée avec vous. C'était à Entremont, un dimanche ; le sort de la France se décidait. Nous nous

demandions encore quelle politique dominerait : celle
du 16 mai ou celle des 363? Je vous avais apporté de
superbes espérances, de belles illusions, puisées à la
source même de la place Beauvau. Je croyais encore
au réveil des conservateurs. C'était la dernière carte de
leur jeu. Ils ne s'en sont pas plus soucié que de celles
qu'ils avaient eues entre les mains depuis le 4 Septembre.
Durant ces dernières années, les événements ont
marché vite. Nous saluerions avec joie un ministère
Jules Simon ; l'opportunisme triomphant se gardera
bien de nous le donner. Une révolution peut seule désormais nous ramener, soit au point où la chute de
l'Empire nous avait laissés, soit à celui où le 24 Mai
nous a trouvés.

Le 24 du mois dernier, fête dans la colonie, anniversaire de la prise de possession, réjouissances publiques,
courses, grand prix de Nouméa, s'il vous plaît : le
jockey-club calédonien ne se refuse rien. Je me serais
volontiers passé de ce coup de soleil. Mais comment la
race chevaline pourrait-elle prospérer, si je n'encoura-
geais personnellement ses succès? Le soir, bal au Gouvernement ; bien entendu, salons combles. Une fois en
branle, on ne s'arrête plus. Ces réunions nombreuses
sont généralement fort gaies : si les dames du cru n'y
apportent pas toutes les finesses du meilleur ton, en
revanche elles s'amusent de tout cœur ; elles s'en donnent pour mon argent. Ces diversions elles-mêmes ne
me font point prendre goût au métier de gouverneur.
Je continue d'aspirer au jour où le ministre voudra
bien me rendre à la marine.

Hélas ! je crains fort que si les élections consolident le portefeuille dans ses mains, l'amiral Cloué ne me considère comme son collaborateur obligé et ne me maintienne tant qu'il tiendra. Cette perspective me sourit d'autant moins, qu'à travers les échos des canons de la Tunisie, nous percevons une vague rumeur de préparatifs plus belliqueux. Cela donne à réfléchir. La paix de la troisième République pourrait bien ressembler à celle du second Empire. Il sera bon d'être en Europe le jour où le feu prendra aux poudres, non seulement pour avoir sa part des éclats, mais aussi pour échapper aux douloureuses épreuves qui nous menaceraient ici. La défense de Nouméa ne tiendrait pas vingt-quatre heures contre un ennemi sérieux. On aurait beau faire des prodiges de valeur, il faudrait succomber.

Nouméa, 10 novembre 1881.

Ce petit mot vous porte mes souhaits. Déjà vieux de six à sept semaines quand vous les recevrez, ils arriveront cependant après la fête. Le principal est qu'ils vous trouvent en bonne disposition de corps et d'esprit... Impossible de respirer une minute dans ce diable de pays. Nos communards ne se tiennent pas pour battus par la décision du ministre relativement aux Maristes : ils reprennent l'offensive dans une autre direction et avec d'autres armes. Nous devons compter sur leur acharnement, car la défaite les a exaspérés. Désormais, ils cessent de déguiser le principal mobile de leurs attaques, l'intérêt qui les touche le plus au fond. Ils contestent à la mission le droit de posséder, et réclament l'abrogation pure et simple de toutes les concessions qui lui ont été faites, à titre gratuit et onéreux. Ils prétendent que les propriétés actuellement entre les mains du vicaire apostolique doivent faire retour au domaine de la colonie, pour être ensuite partagées entre les colons, d'après les dispositions en usage. Leur argumentation est celle-ci : la loi reconnaît comme personnes morales les cures, succursales, chapitres, évêchés et archevêchés; mais elle ne spécifie point les vicariats apostoliques. Quoique ceux-ci soient les évêchés des chrétientés qui commencent, et que, par conséquent, la raison d'analogie la plus stricte les range tout naturellement parmi les menses épiscopales, nos intransigeants se fondent sur l'absence d'un texte précis pour demander l'invalidation des titres de la mission. Un de ces matins, l'un d'eux se présentera pour acquérir, du service local, les propriétés en question, aux conditions fixées par les arrêtés domaniaux; on lui répondra par un refus, et l'affaire se trouvera, *ipso facto*, déférée aux tribunaux de la colonie. C'est ainsi que les choses se sont passées dernièrement à Taïti, où des juges *cramoisis* ont prononcé la dépossession de la mission. Appel en cassation, comme de juste; la Cour n'a pas encore statué. Ici, il y aura, je le présume, plus de difficultés à obtenir un jugement de la même farine. Cependant je n'oserais répondre de rien. Nous avons, de ce chef, quelques nouveaux soucis sur la planche; ce ne sont pas les seuls. Notre futur conseil colonial fait déjà parler de lui. Les notabilités qui comptent y figurer ont un programme arrêté, paraît-il. Ce programme comprend l'expulsion des Frères du local où ils abritent, nourrissent, entretiennent et instruisent actuellement une soixantaine d'orphelins, en même temps qu'ils instruisent gratuitement cent cinquante autres élèves externes. L'immeuble passerait des mains de la colonie à celles du conseil municipal de Nouméa, qui y installerait ses écoles communales. Quant aux Frères, on ne s'en occupe nullement. Il est vrai qu'au concours général, institué l'an dernier, leurs élèves ont remporté tous les prix et tous les accessits : à défaut de la robe noire, ce grief suffirait pour ameuter tous les conseils élus, présents et futurs.

Au vice-amiral Gicquel des Touches.

Nouméa, 20 novembre 1881.

AMIRAL,

Je suis très flatté du compliment que vous avez bien voulu m'adresser à l'occasion de ma promotion.

Le Navarin a emporté, le 4 septembre, le reliquat de la déportation : il reste ici environ cent quarante graciés, dont la plupart semblent peu disposés à se compromettre dans une nouvelle insurrection. On se défiera d'eux néanmoins, si le mouvement politique vient à s'accentuer; mais l'indulgence dont les déportés condamnés aux travaux forcés ont été l'objet, a porté une sérieuse atteinte à la discipline de la transportation. La suppression récente du fouet, et le régime disciplinaire inauguré par le décret du 18 juin, ont augmenté le mal. Chaque jour nous constatons des faits isolés fort graves. N'était la crainte des baïonnettes, nous assisterions certainement à des rébellions sur une grande échelle. D'autre part, le nombre des libérés croît sans cesse : aujourd'hui, on en compte deux mille trois cents à peu près, dont quatre à cinq cents, sans travail assuré, menacent constamment la tranquillité et la propriété. A ces quatre à cinq cents se joindraient promptement un millier de camarades, qui subviennent aujourd'hui à leurs besoins, mais que le séjour en Calédonie n'a pas suffisamment moralisés ; ajoutez les condamnés qui s'évaderaient des casernes ou des camps, dont les clôtures sont dérisoires : vous auriez l'idée exacte du danger actuel. Cette révolte serait autrement périlleuse que celle des Canaques.

Vous pensez bien, Amiral, que ces perspectives éveillent mon attention. J'espère que nous parviendrons à les écarter, mais ce n'est pas avec l'effectif actuel des troupes que je pourrais en répondre. J'ai demandé un supplément de quatre compagnies.

En terminant, Amiral, je vous renouvelle mes remerciements, et je suis, avec un profond respect, votre très obéissant et tout dévoué serviteur.

Signé : A. Courbet.

A Monsieur le marquis de Balincourt.

Nouméa, 29 novembre 1881.

MON CHER DE B.,

... Vous l'avez dit, nous sommes tous à la persua-
sion, aux traitements doux, aux encouragements pour
Messieurs de la transportation. Je ne sais combien de
temps tout cela durera ; mais jusqu'à présent du moins,
les résultats n'inspirent pas une confiance illimitée dans
l'efficacité du nouveau régime. Vous savez là-dessus
tout ce que je pourrais vous en dire et vous en savez
même davantage, car ici, comme partout, on s'efforce
de cacher la vérité au gouvernement.

... Le remplacement de l'amiral Cloué et surtout la
séparation du ministère des colonies me permettent de
supposer que mon successeur est actuellement en route,
ou s'y mettra prochainement. Je me dispose donc à rallier, et je compte secouer la poussière de la Nouvelle-
Calédonie d'ici à deux mois au plus tard. Quel ouf ! de
satisfaction je pousserai ce jour-là !

Dans ce doux espoir, adieu et au revoir !

Le décret du 18 juin 1880, qui, selon Courbet,
a aggravé le mal, est celui qui autorise la mise
en concession, en faveur des condamnés aux travaux forcés parvenus à la première classe. Celui

de juin 1884 va plus loin, puisqu'il accorde à ces mêmes condamnés en cours de peine 110,000 hectares des meilleurs terrains de l'île, pour y continuer les essais de la colonisation pénale. Ces décrets faussent la loi fondatrice de 1854, qui n'accorde de pareilles concessions qu'aux libérés seulement. Ils compromettent l'existence même de la colonie, car on devine ce que peut être la moralité de pareils concessionnaires.

Comme le dit M. Moncelon [1], vouloir « moraliser un rôdeur de barrière ou un souteneur de filles, en le transportant sur un carré de terre coloniale où il trouvera à sa portée les récoltes et la bourse de ses voisins; vouloir du même coup lui constituer une famille en l'unissant aux filles soumises fraîchement débarquées de nos maisons centrales, voilà une utopie dangereuse : car, avec de tels éléments, ce n'est point la famille que l'on constitue dans un pénitencier agricole, c'est le cloaque. Ce qui y surnage de bon devient fatalement mauvais. » M. Moncelon en cite d'écœurants exemples.

1. *Le Bagne et la Colonisation pénale en Nouvelle-Calédonie en 1886.* Paris, rue de l'Abbaye, 1887.

Ainsi le condamné en cour de peine, d'après ces décrets, entre en concession, devient propriétaire, aux frais et sous la protection de l'État. Or nos ouvriers et nos honnêtes agriculteurs de France, que reçoivent-ils donc de l'État? Quel poignant contraste en faveur de nos grands criminels! On comprend qu'ils préfèrent la *Nouvelle* à nos maisons centrales.

Le réclusionnaire ne coûte à l'État que 67 ou 70 centimes par jour; le *transporté* dépense 2 fr. en Nouvelle-Calédonie: plus qu'un boursier à l'École polytechnique! La remarque est d'*Ignotus*. Mais les libérés, en faveur desquels les concessions de terrains étaient exclusivement réservées d'après la loi de 1854, les libérés eux-mêmes, par leur nombre toujours croissant, n'ont pas tardé à créer à la colonie un avenir redoutable. Ils n'étaient que deux mille à l'arrivée de Courbet; ils sont plus de trois mille aujourd'hui. Ils deviendront légion, disait déjà Rivière [1].

1. En 1883, d'après M. de Varigny, la Nouvelle-Calédonie comptait vingt-trois mille Canaques, quatre mille colons européens, trois mille hommes de troupe, et onze mille quatre cents transportés ou libérés. *L'Océan Pacifique*, Hachette, 1888.

Sans moyens d'existence assurés, quand ils ne peuvent ou ne veulent trouver de travail, il faut bien fatalement qu'ils retombent à la charge de l'administration. On ne peut abandonner la colonie à leur vagabondage. C'est donc une armée de condamnés aux travaux forcés qui ne travaillent pas.

« Le gouvernement est impuissant à empêcher le forçat sorti du bagne de n'avoir d'autre perspective que d'y rentrer, d'autre désir que celui de commettre de nouveaux crimes pour sortir de la misère qui l'attend au seuil de la libération. Qu'on le veuille ou qu'on ne le veuille pas, il faut en revenir au cantonnement des repris de justice dès qu'ils sont un peu nombreux[1]. »

« Les libérés sont mille fois plus à plaindre que les non libérés, » disait déjà Courbet.

« Nous succombons sous leur étreinte, » ajoutait son successeur Pallu[2].

Courbet signale les embarras qui lui viennent du passage du député Rouvier au grand ministère. Il

---

1. *Le Temps*, 18 septembre 1884.
2. Rapport de l'amiral Pallu contre l'envoi des récidivistes en Nouvelle-Calédonie et aux Loyalty, octobre 1887.

a les bras liés par l'annulation des sages mesures prises par l'amiral Cloué, pour maintenir au bagne quelque discipline, sans recourir au fouet. Le fouet est aboli, les mesures de rigueur sont supprimées; mais à quoi est-on forcé de recourir pour les remplacer? Au revolver des gardiens. Qu'y gagne donc l'humanité? L'humanité, ah! elle a inspiré de beaux rêves à quelques gouverneurs de la Nouvelle-Calédonie. On n'a point oublié les essais du phalanstère néo-calédonien de l'amiral Guillain, pas plus que les libérales utopies du commandant Pallu.

En succédant immédiatement à la sévère et prudente administration de l'amiral Courbet, elles n'ont servi qu'à en faire ressortir la sagesse[1].

L'ordre du jour du nouveau gouverneur, en date du 3 décembre 1882, restera légendaire.

« On s'embrassait dans tous les pénitenciers... Partout on criait : Vive Pallu! Et certains condamnés adressèrent au gouverneur, apôtre de la régénération, des pièces de vers qui furent fort goûtées et valurent à leur auteur une extrême

1. Note A.

considération. Sur les bras et sur les estomacs velus des forçats on apercevait le portrait du gouverneur accompagné d'exergues de haut goût. C'était du délire; il ne fut pas de longue durée[1]. »

Nouméa, 27 février 1882.

Si politique et logique rimaient véritablement ensemble, je vous aurais annoncé depuis trois mois mon prochain départ ; je serais même en route de retour. L'apparition du météore Gambetta et du bolide Rouvier, ainsi que l'annexion des colonies au ministère du commerce, semblaient être le signal de mon remplacement immédiat, ou tout au moins à court terme. Pouvais-je d'ailleurs ne pas me considérer comme un trop mince et trop peu civil personnage pour devenir l'instrument d'un aussi grand cabinet ? Malgré tout cela, je n'ai aucune nouvelle, même officieuse, à ce propos ; pas le moindre indice qui puisse me faire deviner le nom de mon heureux successeur. Les journaux des ports parlent seulement d'une mesure imminente, d'une mesure dans laquelle je me trouverais compris.

Où sont donc les faméliques ? Il s'agit d'un joli morceau cependant, et personne n'y a donné encore un coup de dent ! Le pays est avantageusement connu.

1. *Le Bagne et la Colonisation pénale en Nouvelle-Calédonie, 1886.*

Pas mal de politiciens du jour ont apprécié les splendeurs du climat. Par-dessus le marché, ils sont dans le mouvement ; quelques-uns à la tête, plusieurs siègent à la Chambre. Du premier coup ils s'entendraient avec le conseil municipal ; dans un avenir prochain ils pourraient saluer au milieu de fraternelles agapes l'avènement du conseil général. Nouméa deviendrait une Salente ; la concorde régnerait enfin entre le gouverneur et les élus du suffrage universel. Cela serait nouveau, mais bien consolant. Et on a ajourné la réalisation de ce superbe rêve ! Je n'y comprends rien, mais j'en tremble.

Si, par le plus malencontreux des retards, mon successeur n'a pas été désigné avant la rentrée de l'amiral Jauréguiberry aux affaires, je cours le risque d'être maintenu. Rien de moins souriant que cette perspective. Il me tarde de remettre les pieds sur l'eau : c'est encore le terrain le plus solide par le temps qui court ; il me tarde de redevenir marin pour de bon. J'aurais assez mal choisi mon moment pour déserter, juste l'année où l'escadre se couvre de gloire.

— Pendant que je maugrée ici contre la stabilité des grandeurs, on fait sans doute ailleurs d'autres réflexions.

— Je connais peu ou point notre nouveau Colbert. Pendant toute ma carrière, j'ai eu une seule conversation avec lui ; elle a duré cinq minutes. On le dit intelligent, énergique, apte aux choses du métier. Il a eu en 1870 une brillante journée : c'est lui qui commandait les zouaves pontificaux au plateau d'Auvour.

Comme un météore, il ne fit que passer; mais cela lui a suffi pour commettre de criantes iniquités. Dans cette petite hécatombe je compte plusieurs amis, entre autres mon vieil ami Charmoix, lieutenant de vaisseau en retraite. Dans une sphère plus élevée, vous avez vu les déplacements de l'amiral Gicquel, de Senneville, de Leblanc, etc... autant de mesures injustifiables. Dieu nous préserve à l'avenir d'un pareil ministre !

Amen!

— Pour la sixième fois, le conseil municipal revient à la charge pour désorganiser l'école des Frères ; sur mon refus de déférer à ses désirs, le maire a adressé une lettre dans laquelle je suis bien arrangé. Évidemment le différend va être porté devant le conseil des ministres : je crains fort d'en prévoir les suites, de recevoir l'ordre de me soumettre aux volontés des élus du suffrage universel, en dépit de la sympathie des familles pour l'école congréganiste.

Nouméa, 20 juillet 1882.

Ce n'est point une lettre ; c'est une ligne, un mot, pour vous dire combien je suis enchanté de me voir enfin débarrassé de mon odieux gouvernement. L'amiral Jauréguiberry a bien fait les choses. Il s'est contenté de mon désir, vivement, mais non officiellement exprimé dans ma correspondance avec l'amiral Peyron, pour me remplacer. Mon successeur, parti de France le 27 ou le 29 juin, sera ici le 16 août ; aussitôt après lui avoir remis le service, je prendrai le chemin du retour. Suivant toutes probabilités, je quitterai Nouméa à la fin d'août : ce qui me mettra à Marseille vers le 25 octobre.

Je vous prie d'excuser mon laconisme, car j'ai à faire face à beaucoup d'obligations d'ici à mon départ : je dois préparer ma remise de service, passer l'inspection générale des troupes et de la division navale....; en un mot, ma besogne est lourde. Je me rattraperai à X... en vous parlant tant que vous voudrez de ce pays qui est trop un pays de forçats.

Sydney, 3 octobre 1882.

Me voici enfin sur la route de France ! Aurai-je eu du mal à quitter cette chère Calédonie ? Mon successeur, pressé de se faire nommer, ne l'était malheureusement pas autant d'entrer en fonctions. Enfin il a bien fallu se décider à arriver. C'est le 22 septembre que l'événement a eu lieu, juste le jour où le soleil passait de l'hémisphère nord dans l'hémisphère sud. Vous devinez si j'étais prêt à remettre le service. En trois jours je lui ai appris (à peu près du moins) ce que je sais des choses et des hommes de la colonie, en attendant qu'il le lise dans la liasse de documents écrits laissés dans son bureau. Mes visites d'adieu étaient faites d'avance : j'ai donc pu m'embarquer promptement sur *le d'Estrées*, qui m'a amené ici, où je prends vendredi prochain le paquebot de *la Péninsulaire*. A Colombo, je trouverai les Messageries maritimes, qui me conduiront à Marseille vers la fin de novembre.

Avant de quitter Nouméa, j'ai eu la joie de favoriser et d'autoriser la fondation d'une société d'honnêtes gens, dont le but est de maintenir et de développer les écoles congréganistes. En une semaine, on a réuni les fonds nécessaires pour couvrir les frais de premier établissement dans un autre local que celui *dont une décision ministérielle vient de les priver ;* on a réuni, en outre, des souscriptions annuelles, qui assurent le fonctionnement dans les meilleures conditions. Les pères de famille riches ou aisés ont suppléé à l'impuissance de ceux qui ne le sont pas. Le mouvement a été tel, que la rentrée des écoles communales pourrait bien en souffrir, au profit des congréganistes. Je vous reparlerai de toute cette histoire, dans laquelle M. B... a été un véritable *deus ex machina.* Évidemment vous aurez grand'peine à lire ce griffonnage : pardonnez-moi, je vous prie, une fois de plus. Quand je serai en retraite, je soignerai mon anglaise.

CHAPITRE III

Nouvelles-Hébrides. — Missionnaires. — Madagascar.

Au temps de Courbet, il n'était point encore question de la relégation. Qu'aurait-il donc dit des récidivistes [1]? Avant de songer à les envoyer en Nouvelle-Calédonie, il fallait songer à conjurer le danger déjà signalé : il fallait opposer une digue à l'envahissement menaçant des forçats et des libérés; il fallait, en un mot, un déversoir au trop plein du bagne. Les Nouvelles-Hébrides étaient indiquées. Nos droits sur elles semblaient indiscutables : ils dataient de notre prise de possession de la Calédonie. Les Nouvelles-Hébrides ne sont qu'une annexe, une dépendance. Éloi-

----

1. Note B.

gnées à peine de cent vingt lieues de cet établissement, elles sont à une distance quatre fois plus
grande des côtes les plus voisines de l'Australie :
dès lors on aurait pu s'y croire à l'abri des convoitises britanniques.

Henri Rivière avait dit en parlant de ces îles :
« La preuve qu'elles ne sont bonnes à rien, c'est
que les Anglais ne les ont pas prises. »

Charles Dilke ajoute : « Ce serait une chose
grave de chercher querelle à la France à propos
d'une île dont nous n'avons que faire, et que nous
avons refusée à plusieurs reprises [1]. »

Toutefois l'omission d'une prise de possession
en règle, au moment de notre arrivée en Nouvelle-Calédonie, a été une faute. Rivière se
trompait, puisque de son temps, trois ans avant
Courbet, la question des Nouvelles-Hébrides s'a-
gitait déjà dans les parlements australiens ; et
l'envoi de nos condamnés dans le Pacifique moti-
vait contre nous de fréquentes attaques, dans la
presse et dans les meetings.

C'est en répondant à une demande d'explications

---

1. *L'Europe en 1887.*

à ce sujet[1] que notre ambassadeur, le comte d'Harcourt, n'hésita pas à se porter garant de nos intentions pacifiques : — « Nous n'entreprendrons jamais rien de contraire à l'indépendance des Nouvelles-Hébrides, » disait-il, « si, de son côté, le gouvernement de la reine consent à prendre le même engagement. »

Notre diplomatie n'en prévoyait pas les suites. Elle était d'autant moins bien inspirée, en s'engageant ainsi, qu'elle savait ce que nous avait coûté la convention analogue de 1842, relative aux îles Sous-le-Vent.

D'ailleurs, les intérêts et les droits que les Anglais prétendent conserver aux Nouvelles-Hébrides ne sont ni de même nature ni de même importance que ceux que nous avons à y revendiquer.

Depuis cette époque, en effet, nous y avons amené des colons, créé des établissements, acheté des terrains. Une société fondée à Nouméa sous le nom de *Compagnie calédonienne des Nouvelles-Hébrides* possède 700,000 hectares. Elle s'est substituée aux Anglais; elle en a absorbé

1. 1878.

l'élément: élément matériel, mais non moral. Car si, devant un tel accroissement, on avait été tenté de demander ce que l'Angleterre pouvait opposer à l'extension de nos intérêts coloniaux, elle n'aurait pas manqué de répondre : — « Nous n'y avons que des intérêts moraux, mais ce sont ceux auxquels nous tenons le plus. Ils sont représentés par nos ministres évangéliques. Libre à vous de traiter comme des ennemis vos missionnaires catholiques. Quant à nous, nous protégeons les nôtres ; nous les défendons partout où nous les rencontrons. Ils valent des soldats. » L'Angleterre aurait pu ajouter : Ils alimentent l'Australie de travailleurs indigènes [1].

C'est, en effet, au nom des intérêts moraux et pour la défense de leurs missions des Nouvelles-Hébrides, que la plupart des manifestations se sont produites en Australie, pour protester contre les tentatives d'annexion de ce groupe d'îles par la France. Dans la réunion fédérale tenue à Sydney en 1883, le Révérend Paton, doyen des mis-

---

[1]. Ce recrutement des travailleurs indigènes est placé sous la surveillance d'un haut commissaire établi aux Fidji ; il est connu sous le nom de *labour'strade :* c'est la traite déguisée.

sionnaires presbytériens, disait : « Mon œuvre dans ces îles, depuis plus de vingt ans, a été d'inculquer aux indigènes la haine des Français et du catholicisme[1]. » Le même Révérend Paton, assisté d'un grand nombre de missionnaires, présidait le meeting solennel tenu en 1886 dans l'église Saint-Étienne, à Sydney.

Aussi, dans nos tentatives de négociations avec le cabinet de Londres, nous n'avions pas omis d'offrir toutes les garanties possibles pour la défense des intérêts moraux, c'est-à-dire, pour le respect des méthodistes, presbytériens et autres agents des sociétés bibliques aux Nouvelles-Hébrides ; nous nous engagions même à ne plus envoyer nos condamnés à Nouméa, ni dans aucune autre île de l'Océanie.

L'Angleterre, un instant hésitante, nous demandait en échange la petite île de Rapa[2].

1. D'après le journal *l'Argus* de Melbourne, l'église presbytérienne dépense annuellement, en frais de missions, dans ces îles, la somme de 150 mille livres sterling.
2. Rapa nous appartient depuis 1842. Ce n'est qu'un rocher volcanique, offrant un excellent port sur la ligne de navigation qui, par Panama, relie les deux nouveaux mondes. En 1885, notre conseil d'amirauté, consulté sur la convenance de cet échange

En définitive, les négociations n'ont pas abouti. L'Angleterre, qui s'emparait sans façon des îles Fidji, n'a cessé, au nom de la convention de 1878, d'entraver nos projets.

« D'un autre côté, l'Allemagne maritime et commerciale entrait en scène dans le Pacifique, en s'emparant brusquement d'une partie de la Nouvelle-Guinée, de l'archipel Bismarck et de la Nouvelle-Irlande. Elle portait une main hardie sur les Carolines, réclamait l'archipel des Marshall, le groupe des Samoa, celui des Salomon et des îles des Amis. Il y avait de quoi éveiller toutes les appréhensions.

« Le traité de Berlin, conclu le 6 avril 1886 entre l'Angleterre et l'Allemagne, n'était pas fait pour donner satisfaction aux réclamations de l'Australie ni pour calmer nos craintes.

« Il abandonne virtuellement à l'Allemagne, outre ce qu'elle a pris, ce qu'il lui plaira encore de prendre au nord d'une ligne de démarcation tra-

avec l'Angleterre, s'est prononcé pour la négative. A-t-il eu raison? Que nous importe Rapa et son gendarme, dès le moment qu'il nous reste les îles Sous-le-Vent, qui, par leur position, nous offrent à peu près les mêmes avantages ?

cée sur la carte annexée audit traité, et il interdit à l'Angleterre toute extension territoriale au nord, à l'ouest et au nord-ouest de ladite ligne[1]. »

Ainsi opérait le pape Alexandre VI, dans sa bulle *Inter cætera,* quand il traçait son méridien de l'île de Fer pour partager le monde à découvrir, donnant aux Portugais les découvertes faites à l'est, aux Espagnols les découvertes faites à l'ouest.

En 1886, deux cents hommes de troupes françaises étaient venus de Nouméa pour protéger nos établissements et châtier les indigènes. On espérait peut-être précipiter la solution en imposant l'*ultima ratio* du fait accompli. On se trompait : ce fut le signal de nouvelles et énergiques protestations, d'un nouvel échange de notes et de contre-notes entre les cabinets de Londres et de Paris.

A la date du 24 octobre 1887, et toujours au nom de la convention de 1878, nous avons été réduits à nous contenter de l'institution d'une commission mixte, navale, anglo-française, chargée de veiller aux biens et aux personnes : sorte de

1. C. DE VARIGNY.

protectorat à deux, *condominium* éphémère, plein de difficultés pratiques et de conflits probables pour l'avenir. Il est vrai qu'on nous accorde la possession peu contestée des îles Sous-le-Vent, et la neutralité illusoire du canal de Suez. En revanche, départ immédiat de nos troupes, évacuation sans phrase. Cette évacuation a eu lieu le **28** mars **1888**. La presse anglaise a daigné s'en montrer satisfaite [1]. Elle ne nous rappelle que trop l'évacuation des Pescadores. C'est une étape de plus dans la voie de nos sacrifices. La coupe de nos humiliations n'est pas vidée.

Rivière, lui aussi, à propos de colonisation, a donné ses idées. Il l'a fait sous la forme paradoxale qui lui était familière.

« En principe, » dit-il, « on peut avancer que, dans une colonie pénitentiaire, il ne devrait y avoir d'autres honnêtes gens que ceux qui sont en train de le devenir. »

---

1. Le *Times* et le *Standard* disaient : En obtenant de la France la reconnaissance nette et réitérée de cet engagement qu'elle ne peut sous aucun prétexte débarquer un homme ni tirer un coup de canon aux Nouvelles-Hébrides sans le consentement et le concours de la Grande-Bretagne, nous avons tout au moins éloigné la possibilité de complications dans le Pacifique.

Mais Rivière, pas plus que les gouverneurs Guillain ou Pallu, pas plus que les utopistes de la loi de 1854 ou des décrets de 1881 et 1886, n'ont voulu admettre que l'on ne fonde rien avec des éléments impurs. Ce n'est point avec des convicts, mais malgré les convicts que l'Australie s'est faite. « Ce n'est point avec des forçats que l'on colonisera la Nouvelle-Calédonie, » disait un de ses gouverneurs, M. Gauthier de la Richerie. « Le système de la transportation n'est qu'un expédient grossier. »

Le prodigieux développement du continent austral ne date que du moment où la Nouvelle-Galles du Sud a refusé de recevoir de nouveaux convicts : « Malgré l'énergie des premiers gouverneurs, on avait trop négligé, au début, l'élément religieux et moralisateur. C'est quand l'homme est le plus malheureux qu'il est le mieux disposé à recevoir et à utiliser les consolations de la religion. » Cette pensée, que l'on croirait empruntée à la Rochefoucauld, est d'un amiral[1]. Elle n'a pas été du goût des utopistes, humani-

1. Amiral Dupetit-Thouars.

taires, phalanstériens et libres penseurs qui se sont succédé dans le gouvernement de la Nouvelle-Calédonie : aucun d'eux n'a eu recours à ce divin dictame. Saint Vincent de Paul l'a employé dans son temps. Les jésuites l'ont tenté, non sans quelque succès. Que ne pourrait-on espérer en une île, en plein air, avec une église et la liberté ?

Quand les barbares envahirent l'Europe, on leur opposa les évêques et les missionnaires : ils furent transformés.

Que n'en fait-on autant avec les barbares de nos civilisations modernes, avec les sauvages de la transportation et de la relégation ? Nos évêques et nos missionnaires n'ont pas changé.

Les missionnaires ! ah ! c'est là le grand mot ! C'est la question que l'on ne peut écarter toutes les fois que l'on s'occupe de notre expansion coloniale et de notre influence dans le monde. Rivière, dans ses *Souvenirs de la Nouvelle-Calédonie,* semble ne point s'en douter.

« Le missionnaire français », dit-il, « vit sous une hutte, d'un peu de pain, quand il sait en faire, et des fruits qu'il prend à l'arbre. Sa robe est usée, son tricorne chauve, sa barbe inculte et longue. Tout déguenillé, son troupeau d'indigènes, qu'il essaye de vêtir, psalmodie des cantiques ou court les bois, malpropre, hypocrite et paillard. Le Père cependant n'est pas triste. Il a fait son deuil des propriétés de ce monde, non seulement pour lui, mais pour sa mission. »

Dans ses plaisanteries sur nos missionnaires, Henri Rivière est en parfait désaccord avec la plupart de ses camarades de l'armée de mer..

Quel contraste, en effet, avec les nobles sentiments exprimés à leur égard par l'amiral Aube [1], ou avec le touchant tableau que nous en donne l'un des meilleurs amis de Courbet, le commandant Charmoix ! Lui aussi a vu longtemps de près nos missionnaires dans l'Océanie. Voici, au hasard, une de ses impressions :

« *Le Bucéphale* était à un demi-mille de la grande île des Wallis, en panne, et se disposait à envoyer une embarcation à terre, quand nous vîmes une pirogue sortir des récifs et se diriger vers nous : les PP. Viard et Bataillon venaient à bord.

1. *Entre deux campagnes.* Paris, 1881.

« Quand ils parurent sur le pont, tout l'équipage fut pénétré de respect et s'inclina devant eux. Grands, secs, maigres, leurs soutanes en lambeaux, pieds nus, ces deux hommes avaient une attitude modeste et digne qui nous remua le cœur ; et cependant les gens de mer ne brillent pas par la sensibilité. J'ai vu, dans ma vie, de grands personnages, grands selon les hommes, naturellement : jamais je n'ai eu l'occasion d'en voir qui possédassent une telle majesté [1]. »

Un autre officier, qui devait être fusillé comme otage, à la Roquette, écrivait des Gambiers vers la même époque :

« Les missionnaires n'ont pris aucune autorité dans le pays ; ils l'ont régularisée et laissée aux mains du roi. Il faut une piété bien vraie pour inspirer une pareille conduite. Nos missionnaires ont un caractère très différent de ceux des Anglais [2]. »

Cette question des missions, qui touche à notre influence à l'extérieur, n'intéresse pas moins le

1. *Souvenirs de voyages maritimes.* Alger, 1884.
2. P. Clerc.

protectorat catholique dont nous nous montrons encore si jaloux en Orient.

Hier encore, n'avons-nous pas vu le délégué apostolique du Saint-Siège auprès du sultan, Mgr Rotelli, Italien d'origine, faire arborer, sur un paquebot italien, le pavillon français, pour y recevoir la visite d'adieu des catholiques de Constantinople?

La question des missions se trouve donc liée à celle de notre expansion coloniale. C'est ainsi qu'elle se présente à nous dans l'Océanie, à Madagascar, en Chine et au Tonkin.

Courbet, sans y avoir été directement mêlé, avait pu en apprécier les effets dans les diverses étapes de sa carrière; il en avait vu les œuvres dans sa campagne de circumnavigation sur *la Capricieuse :* son impression à leur égard n'avait point changé.

C'est la même opinion que nous trouvons exprimée dans sa lettre du 10 juin : il s'étonne que Mgr Freppel n'ait pas mieux fait ressortir les services rendus par les missionnaires à notre colonie de la Nouvelle-Calédonie.

Cette opinion, il eut souvent l'occasion de la

manifester pendant sa campagne du Tonkin,
entre autres fois, à sa table, devant les officiers
supérieurs, parmi lesquels, par un singulier
hasard, se trouvait un des pontifes de la franc-
maçonnerie, un membre du *Grand Orient*. « C'est
en place publique, » disait Courbet, « c'est comme
traîtres à la France que l'on devrait fouetter les
misérables qui entravent ici l'action de nos missionnaires. »

Cette impression favorable à nos missionnaires,
il l'éprouva surtout à son retour de la Nouvelle-
Calédonie, à travers l'océan Indien, quand, en
passant par Maurice ou Bourbon, il put juger de
près, et à sa vraie valeur, la cause de notre intervention actuelle à Madagascar.

Les mêmes hommes, nous voulons dire méthodistes, presbytériens, ministres anglicans, qu'il
vient de voir travaillant contre nous aux Nouvelles-Hébrides, il les retrouve ici sur un plus
grand théâtre, nous combattant toujours avec les
mêmes armes et les mêmes moyens. Ils nous
disputent nos droits sur le pays ; droits séculaires
maintenus par nos vieilles monarchies, aussi bien
que par la Convention et l'Empire.

Madagascar, pour nous, n'était pas une conquête à faire ; c'était une parcelle de notre patrimoine national à conserver.

Or, quel était le langage que les missionnaires anglais tenaient au gouvernement des Howas?

— Qu'avez-vous donc à vous occuper des Français? Depuis leurs désastres ils ne sont plus rien ; ils ne peuvent plus rien, ni contre vous ni pour leurs alliés. Débarrassez-vous donc de leurs agents. Les plus à craindre sont les jésuites. Ils les chassent de France : faites de même. Sus aux jésuites! *out law* les papistes français!

C'était logique.

L'exécution des décrets, ordonnée par le ministre de la marine, à Bourbon et à Sainte-Marie, avait eu à Madagascar son contre-coup immédiat. Coup pour coup, date pour date, jour pour jour, le 29 mars 1881, des lois de proscription furent lancées contre les jésuites par le gouvernement howa. Elles s'étendirent aux catholiques, et bientôt aux Français : car, là comme ailleurs, catholiques ou Français ne font qu'un.

Jamais nos droits sur l'île n'avaient été plus audacieusement contestés.

Sur la demande de notre consul, et sur les instances de nos députés de la Réunion, le ministre de la marine par intérim, M. de Mahy, ordonna au commandant Le Timbre d'abattre les drapeaux howas arborés sur la côte. En même temps il expédiait en toute hâte sur les lieux l'amiral Pierre, dont il rédigeait lui-même les instructions.

L'amiral ne fut pas longtemps à juger la situation. Avec sa rondeur de marin il alla droit au but, droit au foyer des résistances et des haines dirigées contre nous.

En même temps qu'il bombardait Tamatave et Majunga, il mettait la main sur le ministre anglican, M. Shaw. Cet homme représentait contre nous tout un programme de résistance et d'attaque.

En l'arrêtant, l'amiral Pierre, avec autant de clairvoyance que de décision, marquait nettement la situation. Il fut désavoué : il en est mort.

La République tenait à avoir son Pritchard ; elle l'a eu, et l'a payé plus cher que ne l'avait fait le ministre Guizot.

Chose étrange! le ministre de la marine, dont

l'amiral Pierre tenait ses instructions, était le député de la Réunion qui s'était montré le plus ardent pour l'exécution des décrets d'expulsion contre les jésuites. Il est vrai que M. de Mahy a fait depuis, à la tribune française, un solennel *mea culpa*.

« Ah! permettez-moi de vous le dire, à vous, majorité républicaine, moi, libre penseur, moi, anticlérical comme vous, nous avons commis une grande faute à Madagascar, la faute d'y avoir favorisé une *brigue* de dévots personnages d'autant plus dangereux, qu'au crédit d'une grande fortune ils joignent l'influence de hautes situations. C'est l'action de cette *brigue* dévote, de son influence occulte, qui a entravé nos efforts à Madagascar. »

Et plus loin il ajoute : « Ce n'était pas seulement en Angleteterre, en Suisse, en Allemagne, que ces dévots personnages occupaient de hautes situations ; c'était aussi en France [1]. »

---

1. Séances des 1er mars 1886 et 27 février 1887. Voir, en outre, sur le même sujet, la conférence de M. de Mahy, du 16 avril 1887, à la mairie du VIe arrondissement, et la conférence contradictoire de M. de Pressensé du 2 mai 1887.

Jésuites pour jésuites, convenez-en, Monsieur le Ministre, mieux valait encore pour nous les religieux français, dont le dévouement et le souvenir sont restés traditionnellement liés au développement de notre influence à Madagascar. Si, au lieu de les combattre et de les expulser, vous aviez simplement prêté l'oreille aux patriotiques avertissements que le P. de Laveyssière vous adressait personnellement, nous ne serions pas condamnés à accepter le traité final du 16 décembre 1885. Et quel traité, mon Dieu! signé par M. de Freycinet! Est-ce assez dire? Après tant de sacrifices, que nous laisse en effet ce traité? que nous donne-t-il, après des bombardements successifs, après des prises de possession, des occupations de territoire et des débarquements inutiles?

En échange de nos droits séculaires de souveraineté, il nous accorde un protectorat dérisoire, nous fait abandonner traîtreusement nos alliés fidèles, et nous condamne à l'une des extrémités de l'île, à la relégation de Diego-Suarez.

Telles sont les réflexions dont on ne peut se défendre en suivant Courbet dans son voyage de retour en France, à travers les parages de Madagascar. Combien devait-il s'applaudir de son opposition énergique à l'exécution des décrets en Nouvelle-Calédonie !

Au nom des intérêts de la France, que sa mémoire en soit bénie !

CHAPITRE IV

Expansion coloniale. — Tonkin.

Le Bayard, Port-Saïd, 12 juin 1883.

Vous avez bien raison de ne pas compter avec moi,
surtout pendant un coup de feu comme celui qui a accompagné inévitablement mon départ précipité pour le
Tonkin. La première nouvelle m'en est parvenue le
27 mai, par un télégramme assez obscur, auquel il était
cependant difficile d'attribuer un autre sens. Confirmation et explications arrivaient par lettres, le lendemain 28. Le 29, je renvoyai chacun dans leur port les
cuirassés de ma division autres que *le Bayard.* Ce dernier appareillait pour Alger, où je devais le rejoindre
quelques jours plus tard. Je me rendais à Paris pour y
prendre les instructions du ministre. Me voici depuis ce
matin à Port-Saïd, où je me propose de séjourner le
moins possible, car il importe d'être là-bas promplcment; le plus tôt sera le mieux. Vous ne devineriez jamais dans quelles conditions on m'envoie. La première

pensée venue à l'esprit de tous mes amis est que je commande l'expédition, que tous les moyens d'action sont réunis entre mes mains. Erreur! Chez nous, aujourd'hui, en république, les choses ne se passent point aussi naturellement. Voici le programme : dès mon arrivée au Tonkin, l'amiral Meyer remonte au nord de la Chine, et continue d'exercer le commandement de sa division navale; de mon côté, j'exerce le commandement de la division navale des côtes de l'Annam et du Tonkin, mais sans intervention dans les opérations à terre. Celles-ci seront dirigées par un haut commissaire civil, ayant sous ses ordres immédiats le général Bouët, commandant supérieur des troupes de toutes armes, et le capitaine de frégate Morel-Beaulieu, commandant supérieur de la flottille, qui assiste le corps expéditionnaire dans le fleuve Rouge. Mon rôle se borne par suite à surveiller les côtes, de façon à donner aux opérations à terre toute sécurité, jusqu'au jour où le haut commissaire civil requerrait mon concours pour une opération combinée. Voilà ce que nos ministres ont imaginé, et peut-être se figurent-ils de bonne foi que rien ne saurait être plus favorable au succès de nos armes. Tant que je ne serai point arrivé là-bas, je me bercerai de l'espérance que la réflexion et une plus saine appréciation des choses feront revenir sur cette combinaison. Superflu de vous dire que je l'ai combattue avec la plus grande énergie pendant mon court séjour à Paris.

Vous aurez de mes nouvelles dès que je serai rendu à destination, peut-être même d'une autre de mes relâches. A bord du *Bayard,* tout le monde est dans les meilleures dispositions. Pour les officiers mariés, le premier moment a été un peu vif; aujourd'hui on est consolé, ou du moins on fait comme si on l'était : je parle des maris. A revoir !

Quand Courbet écrivait ces lignes, une année ne s'était pas écoulée depuis le bombardement d'Alexandrie. « C'est une mauvaise condition pour la force morale des agents chargés de nous représenter dans la mer des Indes, d'avoir à passer, pour s'y rendre, devant Alexandrie détruite et l'Égypte abandonnée à l'Angleterre[1]. »

Courbet avait pu s'en convaincre. Il arrivait à Port-Saïd peu de jours après le passage de l'amiral Conrad, à l'égard duquel la population s'était montrée peu sympathique. Elle ne pouvait oublier l'ordre malheureux que ce contre-amiral avait eu à exécuter devant Alexandrie. Il venait d'abandonner la ville, au moment où quelques-unes de ses compagnies de débarquement auraient suffi pour la sauver, non du bombardement des forts par les Anglais, mais de l'invasion, du pillage et de l'incendie accomplis, sans résistance, par des

1. Comte DE MUN, réponse à M. de Freycinet.

hordes de bandits arabes. Comment oublier le spectacle de cette grande cité, peuplée, bâtie, embellie par nous, et tout à coup livrée sans merci à la ruine, au feu et au massacre? Elle avait compté sur nous, la malheureuse! elle nous avait appelés. Hélas! quand elle tourna vers nous ses regards, ce ne fut que pour voir fuir de son port, au moment suprême, une magnifique flotte cuirassée, éperonnée, portant en tête de ses mâts nos couleurs nationales [1].

Dans ces conditions, notre fuite, notre *in exitu de Ægypto* restera une des plus tristes pages de notre histoire, d'autant plus triste qu'elle est inexplicable.

Elle coïncide, en effet, avec le mouvement tout

---

1. « Il est certain qu'un jour, par une série d'imprudences qui ont commencé en 1880, dont la plus forte a été notre attitude lors du bombardement d'Alexandrie; il est certain, dis-je, que, sans aucune compensation pour nous, l'influence que nous exercions en Égypte, que nous avions acquise par nos efforts et par notre argent, a passé à une autre nation, à l'Angleterre. « (DE LA FERRONNAYS, séance de mars 1888.)

« Nous avions pour ainsi dire conquis l'Égypte; nous l'avions perdue, puis ressaisie : finalement elle nous échappe, et nous ne savons tirer aucun parti du récent échec de l'Angleterre. » ÉMILE BURNOUF, *la France dans le Levant* (*Revue des Deux Mondes*, 15 octobre 1887).

contraire de notre politique extérieure et de notre expansion coloniale. C'est le moment où, en Afrique, nous venions d'agrandir de toute la Tunisie notre empire algérien ; le moment où nous nous préparions à occuper Obock, les Comorres, Madagascar, sans oublier la pacifique conquête du Congo. Dans l'Océanie, nous convoitions déjà les Nouvelles-Hébrides. Dans l'Indo-Chine enfin, Rivière venait d'être envoyé de Saïgon au Tonkin, pour reprendre la succession Garnier.

La mission de Courbet, qui n'en fut que la suite, comportait, il est vrai, une action militaire ; mais elle n'était point incompatible avec des aspirations d'un autre ordre. Elle répondait à un plan de lointaine et pacifique expansion. Les succès faciles de la Tunisie favorisaient ces tendances.

Notre situation en Europe nous interdit-elle tout désir d'expansion, à nous qui, malgré nos revers, possédons encore la deuxième marine militaire du monde ?

Les peuples à l'étroit obéissent au courant qui les pousse. Depuis Christophe Colomb, jamais pareil mouvement ne s'était produit.

L'Angleterre cherche au delà des mers de nouvelles terres à ajouter à son empire de 300,000,000 d'hommes.

L'Italie, des deux côtés de Suez, tourne son regard vers la Tripolitaine et vers l'Abyssinie.

La Russie, par le sud, touche aux portes de l'Inde ; par l'est, elle déborde en Chine.

L'Allemagne, à laquelle sa grandeur militaire ne semble plus suffire, inaugure sur tous les rivages sans maîtres son régime de colonisation.

Peut-on nous dire les surprises que nous réserve le Céleste Empire [1], et prévoir l'avenir qui se prépare pour les États-Unis ? [2]

Dans ce grand partage du monde, nous le répétons, est-il interdit à la France de tourner

---

1. « Les dernières guerres contre la Chine ont eu cette conséquence imprévue : on a voulu ouvrir la Chine aux Européens, et c'est aux Chinois qu'on a ouvert l'Europe. » (Baron DE HUMBERT.)

« En donnant, en 1842, un coup de pied brutal à cette fourmilière humaine qui a nom le Céleste Empire, l'Angleterre n'a fait que devancer d'inévitables événements. » (*Océanie moderne,* par M. DE VARIGNY.)

2. « Les facilités de transport, les rapidités de communication que les nations européennes avaient saluées avec tant de joie, quand elles les considéraient comme devant en exploiter seules le monopole, les Américains et les Chinois les posséderont aussi ; et, ce jour-là, on verra de quel côté penchera la solde de l'exportation. » (*L'avenir de l'Europe en face des progrès modernes,* par M. BOCHER.)

ses regards vers l'Orient, pour réclamer sa part d'influence et de protectorat?

« Il n'est pas plus permis aux peuples qu'aux individus de s'isoler dans un égoïsme stérile. La solidarité dans la justice et dans la vérité est la loi de ce monde. Par l'étendue de ses côtes et sa situation merveilleuse sur trois mers, la France ne peut manquer de prendre une large part au mouvement qui pousse l'ancien monde vers les nouvelles régions ouvertes devant lui[1]. »

De Maistre, qui n'était pas Français, disait de nous, au commencement de ce siècle : « Rien ne se fait en Europe sans les Français. A certaines époques, ils ont pu être fous, ridicules ou atroces; mais ils n'ont pas moins été choisis pour être les instruments des plus grandes révolutions qui se soient faites dans le monde[2]. »

Et près d'un siècle après, Castellar aux cortès d'Espagne pouvait dire encore :

« Tout en nous préoccupant de notre situation en Europe, n'enlevons pas à la France son rôle traditionnel, sa puissance d'expansion au dehors

1. Mgr FREPPEL.
2. *Lettres,* 8ᵉ édition.

et son rayonnement dans le monde. C'est une partie de sa force et de sa grandeur. »

Devons-nous attribuer la cause de nos échecs coloniaux à notre caractère ? Le succès de nos grandes entreprises sous la Monarchie prouverait le contraire. La politique coloniale est celle de notre pays, à toutes les grandes époques de son histoire : c'est la politique traditionnelle de la France.

Avec un tel passé, quelle est la part qui nous revient aujourd'hui dans l'œuvre des colonisations ?

Nous n'avons pas à nous faire illusion : notre action colonisatrice doit moins consister à conquérir qu'à donner la plus grande sécurité possible aux indigènes dont nous faisons la conquête [1].

Quant à la cause de nos insuccès, on peut l'attribuer à nos hommes d'État, qui se sont lancés dans des entreprises coloniales sans s'inquiéter

---

1. « Si nous ne savons obtenir la confiance des indigènes, si nous ne leur accordons pas la protection à laquelle ils ont droit, l'Indo-Chine restera un gouffre toujours ouvert où nous engloutirons nos hommes et notre argent. Si nous assurions aux Annamites la paix et la sécurité dans leur famille et dans leurs biens, ils s'attacheraient à notre domination. Les lettrés, comme les hommes du peuple, nous l'ont répété maintes fois. » PAULIN VIAL, ancien résident supérieur à Hanoï, *Voyage au Tonkin*.

des chances de succès : « Aventuriers politiques, »
disait déjà d'eux Bossuet, « dont toute l'habileté
consiste à donner de faux prétextes à de mauvais
desseins. »

Vous allez au Tonkin, dites-vous, pour venger Rivière : c'est fort bien. Mais quels sont vos
moyens, vos plans, votre point d'appui ? Au fond,
quelle est votre pensée secrète[1] ?

Dans son livre sur *l'Expansion coloniale*, M. de
Lanessan nous dit :

« La grande migration des peuples civilisés
vers des terres nouvelles n'est pas plus le résultat du hasard que celui du caprice de quelques
hommes d'État, fous d'orgueil, avides de se faire
un nom avec des conquêtes. Ces hommes ne peuvent rien sur la marche de l'humanité. Ils en
sont la résultante, et non la cause. »

Cette réflexion rappelle celle de Bossuet :

« Il n'est pas de puissance humaine qui ne
serve à d'autres desseins que les siens. La sagesse

---

1. Ce que l'on remarque dans ces entreprises coloniales, c'est
le décousu, l'insuffisance des moyens, l'incohérence des procédés,
le vague des solutions. C'est toujours ce manque d'esprit de suite
et cette absence de toute direction qui caractérise notre politique
française. » (*La France, la Russie et l'Europe. Revue des Deux
Mondes*, 15 février 1888).

des hommes, toujours courte par un côté, s'embarrasse dans ses propres subtilités ; ses précautions lui sont un piège [1] »

— A propos de nos dernières conquêtes coloniales, on a remarqué que, pour la plupart, elles se trouvaient sur cette grande voie, cette grande artère de communication, de mouvement et de vie qui, depuis l'ouverture du Transcontinental, embrasse le monde dans son plus grand contour. C'est la chaîne sans fin que la vapeur engrène, enroule et fait mouvoir sans aucun temps d'arrêt autour de notre globe. Elle part de Paris, de Londres, de Vienne ou de Berlin, même de Saint-Pétersbourg, pour franchir l'Atlantique dans la direction de l'ouest, New-York, Chicago, San-Francisco, traversant l'océan Pacifique jusqu'à Yokohama.

Là, elle continue à se dérouler vers Shang-Haï, Hong-Kong, Singapour, Calcutta, pour revenir, à travers Suez et la Méditerranée, aux points de départ de notre vieille Europe [2].

C'est le grand *circulus*.

1. *Discours sur l'histoire universelle.*
2. *Origine de San-Francisco,* par M. DE VARIGNY. Paris, 1886.

Gloire à Dieu !

Ce fut le premier mot des Anglais à travers leur câble sous-marin ; le premier mot des Américains en franchissant, pour la première fois, les mille lieues du Transcontinental. Ce ne fut pas le nôtre à travers le mont Cenis, ni à travers Suez. Quel sera-t-il à travers Panama ?

En attendant le nouveau courant d'affaires que doit créer le percement de l'isthme, « cette voie circulaire de sept mille lieues d'étendue charrie les produits manufacturés de l'Europe, les blés de l'Amérique, les lingots du Pacifique, les soies du Japon, les thés de la Chine, multipliant partout les échanges, doublant les richesses, et faisant naître de nouveaux besoins avec les moyens de les satisfaire. Elle réveille sur son passage des civilisations endormies, renverse les barrières, supprime les distances, réunit les peuples, pour répandre sur toutes les plages du monde les *bienfaits du progrès et des idées nouvelles*[1]. »

Les bienfaits du progrès et des idées nouvelles ! quels mots ! quelle fascination !

1. *Origine de San-Francisco*, par M. DE VARIGNY. Paris, 1886.

M. de Lanessan les revendique aussi. « L'expansion coloniale », dit-il, « n'est que la manifestation de la vie des nations. C'est pour elle qu'en échange de ses produits, notre vieille Europe apporte à toutes les contrées lointaines, de l'Inde, de l'Océanie, de l'extrême Orient, les ressources de ses idées et l'appui de son génie.

« Si l'on me demandait d'établir en millions la balance de cette double opération, je me bornerais à répondre qu'il m'importe peu de connaître ce qu'a coûté au peuple romain la conquête de la Gaule ; il me suffit de savoir que la France actuelle est le fruit de l'expansion coloniale de Rome, comme l'Algérie, l'Indo-Chine, Madagascar, la Tunisie de l'avenir, seront les fruits de l'expansion coloniale de la France. »

Belles paroles en vérité, brillantes, retentissantes, presque lyriques ! Mais à ces phrases sonores, nous ne voulons pas dire à cette piperie de mots, nous préférons la précision des faits.

Or, quelles sont donc les idées nouvelles, exportées par nous, dont la valeur réelle balance les richesses que nous allons demander à l'extrême Orient ? sont-ce nos immortels principes ? est-ce l'opportunisme, le boulangisme, l'anarchisme ou le socialisme?

En fait d'idées nouvelles comparables aux richesses de l'Orient, nous n'en connaissons qu'une ; elle est ancienne, toujours nouvelle : c'est la bonne, c'est l'Évangile, celle qui donne aux peuples les familles nombreuses, et par suite la puissance d'expansion, de commerce et de colonisation.

Pour la répandre au loin, surtout dans l'Indo-Chine, on n'a point attendu la mort de Rivière ni l'envoi de Courbet. Depuis longtemps il y avait avec ces contrées lointaines une autre exportation que celle de nos manufactures et de notre industrie : il y avait l'exportation du sang, du sang des missionnaires. Elle y préparait les germes évangéliques.

« Une seule société, celle des Missions étrangères, qui évangélise l'extrème Orient depuis 225 ans, compte vingt-cinq vicariats apostoliques, sept cents missionnaires et neuf cent mille chrétiens. Au Tonkin, avant la guerre, les succès les plus éclatants couronnaient les labeurs de l'apostolat[1]. »

1. *Société des Missions étrangères pendant la guerre du Tonkin,* par LAUNAY. Paris, 1886.

Annexé à l'Annam depuis le commencement du siècle, le Tonkin a été conquis et fortifié contre les rebelles et contre les Chinois par des officiers français au service de Gia-Long, le bisaïeul de Tu-duc; Gia-Long, ce roi restauré et remis sur son trône par le dévouement, l'intelligence et l'énergie d'un missionnaire français, Mgr Pigneau de Behaine, évêque d'Adran.

« Pressentait-il, dans l'ardeur de son patriotisme, cet illustre évêque, qu'il arriverait un jour où la formation d'un empire indo-chinois deviendrait, pour son pays, le moyen de rétablir un équilibre rompu par la perte des grandes Indes? Le cœur a ses intuitions comme le génie. »

En moins de deux siècles, plus de deux cents missionnaires se sont succédé au Tonkin. Le plus grand nombre y a trouvé la mort[1].

C'est de l'un d'eux, de Mgr Bonnaud, décapité à Hong-Kong, que le grand poète a dit :

1. Note C.

Prêtre, il s'est souvenu, calme en nos jours troublés,
De la parole dite aux apôtres : « Allez,
    Bravez les bûchers et les claies »,
Et de l'adieu du Christ au suprême moment :
« O vivants! aimez-vous! Aimez. En vous aimant,
    Frères, vous fermerez mes plaies. »

Il s'est dit qu'il est bon d'éclairer dans leur nuit
Ces peuples, égarés loin du progrès qui luit,
    Dont l'âme est couverte de voiles ;
Puis il s'en est allé dans les vents, dans les flots,
Vers les noirs chevalets et les sanglants billots,
    Les yeux fixés sur les étoiles.

Dans une des dernières séances du sénat, à propos de la loi de recrutement sur l'armée, un orateur républicain disait : « Quand nous nous préoccupons de conserver au pays une élite intellectuelle, jaloux de sa grandeur morale, politique et sociale, nous pensons que les missionnaires sont les pionniers de la grande cause de notre protectorat en Orient ; ils sont les collaborateurs de notre diplomatie traditionnelle. Que font-ils, en effet, sinon porter aux avant-postes le drapeau de la France, répandre sa langue, faire aimer son nom? Cela nous suffit[1]. » Et dans

1. M. TRARIEUX.

la même séance, un autre orateur républicain,
M. Léon Renault, ajoutait : « Si les missionnaires
ne constituent pas l'élite intellectuelle de la
France, ils en sont assurément l'élite morale. »

Sans doute, pour ces hommes la mort est une
récompense. Ils s'y exposent sans arrière-pensée.
Ce n'est point une raison pour que les gouvernements européens partagent cet esprit de sacrifice.
Ils sont, au contraire, chargés de faire respecter,
au dehors, la vie de leurs nationaux.

Toutefois ce n'est pas une raison non plus pour
que ces gouvernements interviennent intempesti-
vement, et que, sous le prétexte de faire respecter
au dehors la vie des missionnaires, ils entravent
leur œuvre pacifique et augmentent pour eux les
chances du martyre[1].

Ce qu'on peut ajouter aussi, à propos des missions, c'est qu'en général nos interventions armées
ne leur ont pas été favorables.

---

1. C'est bien le prétexte, sinon le motif, que M. Harmand fait
connaître à propos de notre expédition de 1860 :

« Après l'expédition de Chine », dit-il, « nos troupes se trouvant
en partie disponibles, on songea à les utiliser, sous le prétexte

Que leur a rapporté le coup de main de Francis Garnier tenté en 1873 au Tonkin, à la façon de Pizarre et de Fernand Cortez?

Des massacres et un traité; traité illusoire, comme tous ceux qui n'ont pas la force pour sanction.

Sept années plus tard, ce fut au tour de Rivière, envoyé de Saïgon à Hanoï, avec des instructions incomplètes et des moyens d'action plus incomplets encore.

Que pouvait-il faire, en effet, dans un pays encore tout imprégné du sang des missionnaires et des chrétiens, lui qui, dans ses *Souvenirs de l'Océanie*, les avait traités avec tant de mépris? Il ne pouvait pas même *s'en servir*, comme l'avait fait Garnier, son prédécesseur. Il ne pouvait trouver chez eux qu'une extrême réserve. Comme Garnier, il se heurta à toutes les difficultés sus-

de châtier le gouvernement annamite, qui avait fait massacrer plusieurs missionnaires français et espagnols, et pour complaire à quelques pieuses personnes de l'entourage de l'impératrice. Tel était le but ostensible de l'expédition, qui devait aussi sans doute servir à donner certaines satisfactions à la marine, encore médiocrement disposée à l'égard du régime impérial. En réalité, on débarquait en Annam sans plan préconçu. » *Conférence sur l'Indo-Chine.* Paris, 1887.

citées contre nous par la haine des mandarins et des lettrés. Comme Garnier, il devint conquérant; et comme lui, à la tête de ses hommes, il tomba bravement, l'épée à la main, face à l'ennemi, payant de son sang l'échec de sa sortie.

Si la mort de Rivière produisit dans la Chambre une impression douloureuse, du moins elle y excita une réaction salutaire. Pour la première fois peut-être, les intrigues parlementaires se turent devant l'élan d'un vrai patriotisme. Les fonds qui devaient enfin permettre à la France d'envoyer au Tonkin une expédition suffisante pour venger ses glorieux enfants, furent votés à l'unanimité. On vit bien un ministre monter à la tribune pour y hasarder, à propos de Rivière, les mots d'imprudence et de témérité. La Chambre passa outre.

Son vote était libre. Il a été unanime; il a fait honneur à notre pays. C'est là le vrai point de départ, réel, plausible, légitime, de l'expédition du Tonkin.

C'est le vote qui conduisit Courbet à travers la mer Rouge et l'océan Indien, dans les eaux de l'Indo-Chine, aux portes de l'extrême Orient.

CHAPITRE V

Thuan-an et Son-tay.

Dès son arrivée, Courbet reconnut la nécessité d'agir contre les fortifications qui commandent l'entrée de la rivière de Hué, près du petit village de Thuan-an. Ces fortifications semblaient en bon état. Elles consistaient en deux citadelles, défendant les deux côtés de l'entrée, et en une douzaine de fortins échelonnés en arrière de la lagune, sur la route fluviale qui conduit à Hué. Un barrage fermait la rivière[1].

Courbet avait d'abord réuni ses forces dans la baie de Tourane, pour préparer de là, dans ses moindres détails, l'attaque des forts de Thuan-an. Il savait, comme tous les hommes de guerre,

---

1. *L'Escadre de l'amiral Courbet,* par MAURICE LOIR.

l'importance qu'il faut attacher aux détails, afin d'assurer la marche d'une opération d'ensemble et la réussite d'un plan final.

Le 18 août, à 2 heures, il mouillait devant les forts : *le Bayard*, *l'Atalante* et *le Château-Renaud*, à grande distance, à cause du fond ; les canonnières *le Lynx* et *la Vipère*, beaucoup plus près, à quatre encablures environ.

Le temps était beau, mais la mer houleuse. A 4 heures on ouvrit le feu, chaque bâtiment attaquant l'ouvrage dont il était particulièrement chargé. Malgré le roulis, le tir était bon.

Les obus éclatent dans les forts, font sauter des pans de muraille, ouvrent de larges brèches. Le bombardement dura jusqu'à 8 heures. Le débarquement décidé pour le lendemain ne put s'effectuer : la houle était trop forte.

Le jour suivant, le 20, l'amiral jugea l'opération possible.

Pendant que les marins de *l'Atalante* enlèvent les forts du nord, ceux du *Bayard*, soutenus par l'infanterie de marine, marchent au sud, à l'assaut du fort principal. Son pont-levis est encore abattu, mais la porte est fermée ; une cartouche

de dynamite suffit pour la faire voler en éclats.
Le commandant Parayon et l'enseigne Olivieri[1]
pénètrent les premiers. Il est 9 heures. Le pavillon français flotte au-dessus du fort, à la place du
grand dragon jaune de l'Annam.

Les premiers ouvrages emportés, le barrage est
franchi par les deux canonnières *le Lynx* et *la
Vipère*. Les forts du second plan les couvrent de
boulets. Elles continuent à marcher, à s'avancer
toujours, répondant de leur mieux. Elles sont soutenues de loin, dans leur marche en avant, par
les gros canons du *Bayard* et du *Château-Renaud*.

A la nuit, les feux de l'ennemi s'éteignent ; nous
occupons les forts.

Dès l'aube, le premier mandarin de Hué, ac-

---

1. L'enseigne Olivieri, mis à l'ordre du jour et décoré pour sa
belle conduite à Thuan-an, est allé, à son retour en France, s'en-
sevelir dans l'abbaye de Solesmes. Ainsi l'avait fait avant lui, et
dans la même abbaye, un autre officier non moins distingué, le
capitaine de frégate Sarlat, qui, à la tête d'un bataillon de marins, avait, à Courbevoie, entraîné à sa suite les troupes de ligne
jusque-là indécises et hésitantes à marcher contre les fédérés.

A ce sujet, on a pu dire : « S'il est beau d'affronter la mort à la
tête de nos braves marins ; s'il est beau, le soir d'une journée de
poudre, de venir recevoir l'accolade d'un chef tel que Courbet,
au milieu des acclamations de ses compagnons d'armes, il n'est
pas moins beau de savoir triompher de pareilles ivresses pour
porter plus haut son regard. *Excelsior !* »

compagné d'un évêque interprète, vient en parlementaire. Il est reçu par le commissaire français, qui ne consent à une suspension d'armes qu'à la condition de traiter à Hué, au sein même de la capitale de l'Annam.

Le 25 août 1883, après une longue discussion, M. Harmand obtient la signature du traité qui porte son nom, et dont les clauses principales sont : le protectorat de la France sur l'Annam et le Tonkin, l'annexion de trois provinces, l'occupation permanente des forts de Thuan-an, etc.

« L'utilité d'une telle convention », a dit depuis M. Harmand, « a été de déclarer au monde entier qu'ayant éliminé de l'Annam l'ingérence de toute action étrangère, nous étions maîtres d'y agir absolument suivant notre volonté. C'est là, je le déclare, le but réel que j'ai poursuivi quand j'ai pris sur moi, au mois d'août 1883, sans instructions, d'improviser en quelques heures, sous le canon même des Annamites, un traité auquel je n'accordais d'autre importance que de tracer au gouvernement la voie que je croyais la bonne, et de dire aux étrangers, quels qu'ils soient : « Vous n'avez plus rien à voir dans l'Annam,

« dont les affaires deviennent les nôtres ! »

Pour ce qui touche aux prétendus droits de suzeraineté de la Chine sur l'Annam, M. Harmand est-il bien sûr de ce qu'il avance? Dès cette heure, en effet, c'est la Chine que nous rencontrons devant nous, face à face; c'est à elle que nous avons affaire, à elle que nous n'osons déclarer la guerre, après l'avoir dédaigneusement traitée de quantité négligeable.

Ah! si en politique il est des choses qui se payent, comme le disait M. Jules Ferry à la tribune, il est des mots qui ne se payent pas moins. Mots de rhéteur, tant qu'on voudra; mots visant à l'esprit, à l'effet; mais mots malheureux, dont il faut tôt ou tard tenir compte. Ils n'ont pas été sans portée dans les machiavéliques conseils de Tsong-ly-amen, et dans les échecs diplomatiques qu'il nous a fait subir.

Telle est la réflexion qu'inspire à cette date la lecture des lettres de Courbet. On y rencontre les deux termes d'une comparaison qu'on ne peut écarter: la comparaison entre la conduite si nette, si logique, si franchement accusée de la flotte, et les agissements d'une diplomatie sans diplomates.

Bayard, 22 août 1883.

MON CHER TIBURCE,

Votre très affectueuse lettre du 11 juillet m'est parvenue à Tourane le 16 août, c'est-à-dire, au moment où je préparais l'expédition contre l'entrée de la rivière de Hué, dont les journaux vous ont appris le succès depuis longtemps déjà. Tout s'est bien passé. Entente parfaite entre l'amiral et ses collaborateurs. Il y en a même un, le beau temps, sur lequel je n'avais pas trop le droit de compter, et qui s'est mis convenablement de notre côté au moment décisif. Ne me demandez pas le récit détaillé de nos exploits. Je ne pourrais vous dire, en peu de mots, rien de mieux que mon télégramme officiel, publié sans doute par tous les journaux. Il est aussi circonstancié qu'on peut se le permettre quand chaque mot coûte dix francs. Laissons à d'autres le soin de ruiner nos finances.

Pour mon compte, je n'ai jamais douté du succès, quoique le débarquement dût offrir, même par le plus beau temps, de très sérieuses difficultés : c'est pourquoi j'avais mis en tête, pour affronter à la fois le feu et l'eau, une colonne de deux cents matelots. Sauter à terre et enlever les premières lignes fut l'affaire de quelques minutes. Nous devions laisser là une dizaine d'hommes au moins : personne n'a été touché. L'infanterie de marine, bonne troupe, mais moins alerte et moins habituée à la lame, a suivi le mouvement avec entrain. Vous savez le reste. Il y a un an, le traité de Hué aurait définitivement remis le Tonkin entre nos mains. Depuis, la diplomatie a voulu avoir sa part du gâteau, et nous a mis la Chine sur le dos. Il faut réparer les fautes qu'elle a commises ou en subir les conséquences.

Bayard, 6 septembre 1883.

..... Merci pour votre lettre du 12 juillet et pour le souvenir de Notre-Dame des Victoires, à qui ma reconnaissance est bien due. Je n'ai pas encore quitté la rivière d'Hué : le mauvais temps a beaucoup compliqué les difficultés de l'installation et du ravitaillement du corps d'occupation. Il me tarde de remonter un peu aux environs du Delta, où ont lieu les opérations par terre. Quoique nous soyons définitivement en paix avec l'Annam, nous n'en n'avons point encore fini avec le Tonkin. Le corps expéditionnaire va bien être débarrassé, par suite de la convention conclue ici, des troupes régulières de l'Annam ; mais il nous reste d'autres adversaires, plus redoutables et plus acharnés, les Pavillons noirs. Je ne vous apprendrai pas que ce sont des bandes recrutées parmi les déserteurs ou dans les rangs de l'armée chinoise massée sur la frontière, soutenues à peu près ouvertement par le gouvernement chinois. Pour leur faire lâcher pied, il faut leur infliger un éclatant échec, ou convaincre la Chine qu'elle aura la guerre avec la France pour peu qu'elle continue ses menées hostiles. Mais, avec les hésitations permanentes de nos maîtres, soit en matière de subsides, soit en matière de diplomatie, cela peut durer encore longtemps...

Tout mon monde est éreinté, car les corvées ne soutiennent pas comme les coups de fusil. Malgré cela, les
dispositions sont excellentes, les santés laissent peu à
désirer. On est prêt à recommencer ; mais où ? L'objectif manque. La division navale a fait du premier
coup tout ce qu'elle pouvait faire de mieux, de décisif.
Reste le blocus. A moins de complications avec la
Chine, je ne présume pas que son maintien exige longtemps ma présence dans ces mers-ci. Je suppose donc
qu'on me rappellera prochainement.

Au vice-amiral Gicquel des Touches.

Bayard, 20 octobre 1883.

Amiral,

Je vous suis bien reconnaissant de l'aimable lettre
que vous m'avez écrite à l'occasion de la prise de
Thuan-an. Le traité de Hué, en nous raccommodant
avec le roi d'Annam, nous a, paraît-il, brouillé avec
l'empereur de la Chine. C'est bien la faute de nos diplomates, qui, depuis un an, ont tout fait pour ressusciter des
prétentions de suzeraineté auxquelles personne ne songeait plus, et que le traité de 1874 n'avait même pas
tirées de l'oubli. Nous avons commis de lourdes fautes,
à Pékin et à Paris. Saurons-nous les réparer ? ou bien les
subirons-nous sans mot dire ? Il serait si facile, avec
les seules forces réunies des deux divisions navales,

Chine et Tonkin, de bombarder tous les ports du Céleste Empire, de ruiner sa marine et de le réduire à l'inaction ! Hélas ! je doute fort que nos maîtres rapportent de leurs vacances un souffle aussi belliqueux. Je crains bien qu'après avoir repoussé le traité Bourée (qui soulève beaucoup d'objections de premier ordre), on ne se trouve réduit à en accepter quelques clauses. Pauvre France ! Avec de semblables dispositions, il vaudrait mieux ne point se lancer dans des aventures lointaines, où l'imprévu est toujours ce qui arrive. En attendant, je vais prendre, le 25, le commandement en chef des forces de terre et de mer. Il faut que la situation soit pleine d'embarras pour que l'on ait pris, trois mois trop tard malheureusement, une pareille détermination. Le général B. s'est dérobé il y a un mois. J'apprends aujourd'hui que le commissaire général civil demande l'autorisation d'en faire autant. Cela ne me promet guère de trouver à Hanoï un héritage brillant. Je compte sur une lourde charge, mais je ne m'en effraye pas d'avance. — *Le Bayard*, dans sa dernière sortie, a rencontré un typhon : coup de vent, mer grosse et tourmentée. Il est sorti de cette épreuve inattendue tout à fait à son honneur. J'ai confiance dans ses qualités nautiques, même devant un ouragan ; mais, pour affronter plus fort que nous avons eu, il est indispensable de remanier complètement les dispositions qui existent pour l'écoulement de l'eau et l'aération de tout le bâtiment : aujourd'hui il est inhabitable.

Je suis enchanté, Amiral, des bonnes nouvelles que vous me donnez de votre famille. Le bonheur de votre fils sera une compensation aux déboires que vous a causés votre 'dévouement à la marine et à la France.

Je suis, avec un profond respect, Amiral, votre très obéissant et très dévoué serviteur,

A. COURBET.

A M. V. de S.

Bayard, 20 octobre 1883.

MON CHER AMI,

J'ai reçu votre lettre affectueuse du 27 août. Les nouvelles des exploits de la division navale du Tonkin parvenues à Paris le 25 n'avaient point encore pénétré dans votre château. Depuis, vous avez appris par les journaux que nous avons bombardé les forts de Thuan-an, et qu'à la suite de la prise de ces forts le traité de Hué a été immédiatement conclu. C'est désormais du côté de la Chine que nous viennent toutes nos difficultés au Tonkin. Elles sont grandes, mais on en sortirait vite, SI ON LE VOULAIT FERMEMENT : avec les seules forces qui sont sous mes ordres et celles de l'amiral Meyer, qui est proche, nous aurions brûlé en quelques jours tous les forts du Céleste Empire et ruiné sa marine. Pour agir ainsi, il nous manque malheureusement un gouvernement fort, une Chambre un peu plus belliqueuse ; des alliances, non pour nous aider, mais pour ne point être entravés ; enfin, un peu de sécurité du côté de l'Allemagne.

Vous voyez qu'il nous manque beaucoup de choses. En attendant qu'on les ait trouvées, je vais prendre, le 25, le commandement des forces de terre et de mer. Ce sera une lourde charge, une charge bien aggravée pendant les trois derniers mois.

Je n'ai pas besoin de vous dire que je ne m'y déroberai point, et j'espère bien en finir quand même à l'honneur de nos armes.

A. COURBET.

Bayard, 29 octobre 1883.

... Vous vous figuriez, l'an dernier, en ne me voyant point arriver de Calédonie, que l'on m'avait intercepté en route pour m'envoyer ici. On aurait bien fait : Rivière ne serait pas mort, et je crois que nos affaires seraient dans un état moins déplorable.

Depuis que l'on m'a fait le périlleux honneur de me nommer au commandement des forces de terre et de mer, je commence à savoir à quoi m'en tenir.

Nous sommes dans un embarras dont les renforts annoncés ne suffiront peut-être pas à nous tirer. La Chine nous fait ouvertement la guerre, sur le territoire que le traité de Hué a placé sous notre protectorat ; et le gouvernement n'a pas eu l'énergie de la lui déclarer, de bombarder ses ports, de ruiner sa marine. C'est l'unique moyen d'en finir ; et, faute de l'employer,

1

nous serons peut-être forcés d'assumer le fardeau de fautes commises par nos diplomates. Triste pays que le nôtre, où il faut consulter une Chambre en vacances pour prendre un parti dans des circonstances difficiles! Le gouvernement a eu tort de ne pas la réunir à la fin d'août pour lui demander une ligne de conduite. Ses incertitudes, ses hésitations ruinent notre prestige et doublent l'outrecuidance de nos ennemis...

A. COURBET.

Hanoï, 1er novembre 1883.

Cette fois, j'ai quitté *le Bayard* pour m'établir ici. Le cabinet s'est décidé à me donner le commandement en chef des forces de terre et de mer. *Trois mois trop tard, hélas !* Les renforts annoncés *ne permettront jamais de réparer le mal fait dans cette période*. Que ce soit le commissaire général civil, que ce soit le général Bouët, que ce soient tous les deux, peu importe.

Ce qu'il y a de bien certain, c'est que les deux places fortes de Son-tay et de Bac-ninh *ont eu le loisir de recevoir de Chine tous les secours désirables en hommes, canons, munitions, etc...*; et cela, pendant la saison où, avec quelques canonnières, *il était facile de les en empêcher !* Ce sont de durs morceaux à digérer avec des effectifs modestes comme ceux dont nous disposons. Nous ferons de notre mieux, et la Providence fera le reste.

A. COURBET.

Au marquis de Balincourt.

Hanoï, 7 décembre.

MON CHER AMI,

..... Mille remerciements! Je suis bien sensible à vos félicitations. J'ai été trop heureux de trouver une occasion de montrer à nos démolisseurs que la marine est encore debout. C'est la seule satisfaction qui me reste aujourd'hui de notre succès, tant nos diplomates en ont mal tiré parti, soit à Paris, soit à Pékin. Et dire qu'il n'y a pas de tribunaux pour juger ces gens-là! Vous savez par votre fils dans quel guêpier nous sommes aujourd'hui; je dis par votre fils, car il faut être sur les lieux pour en bien juger, etc...

Hanoï, 7 décembre 1883.

Sans un incident grave, l'échouage d'une canonnière à portée des attaques d'une bande nombreuse de Pavillons noirs, nous serions en marche sur Son-tay. Cet incident sans conséquences fâcheuses, grâce à Dieu, nous a forcé à disséminer momentanément notre monde, et nous sommes en train de le rallier pour re-

partir du pied gauche. Ce retard ajoute un ennui de
plus à tous ceux qui nous assaillent, car ici il en sort
de dessous terre ; je ne vous en dirai rien de plus...
Excusez-moi de vous quitter aussi tôt : je suis accablé
de besogne.

Les dangers dont parle Courbet dans sa correspondance, n'ont rien d'exagéré. On les avait laissés grandir sous l'administration du haut commissaire civil. La situation était si compromise, que,
dès le mois d'octobre, le gouverneur de la province chinoise du Yunnan écrivait au chef des Pavillons noirs, Luh-vhin-phuoc, pour l'engager à
résister vigoureusement aux Français. Il lui or-
donnait de s'entendre avec les mandarins annamites, dans le but de massacrer les chrétiens, et
d'enlever par là un appui à nos soldats.

A la fin de novembre, une ordonnance, faite
au nom du chef des Pavillons noirs, approuvée
par le maréchal annamite, annonçait aux sous-
préfets de la province de Son-tay que l'on avait
des forces considérables, des munitions de guerre
et des provisions de tout genre en très grande
quantité, et que l'on se disposait à attaquer les
Français à Hanoï. La pièce officielle ajoutait : « Les

chrétiens étant très nombreux et amis de la France, il faut préalablement les exterminer[1]. »

En même temps, Annamites et Chinois pressaient les travaux pour défendre Son-tay et attaquer Hanoï. Heureusement, Courbet venait d'être investi du commandement des forces de terre et de mer. Dès le mois de novembre, il ne songe qu'à préparer sa marche sur Son-tay. C'était le boulevard des forces ennemies : tous ses efforts convergèrent donc vers ce but.

Sauf quelques officiers de son état-major, personne à Hanoï ne connaissait l'époque du départ. Courbet gardait, avant tout, un profond secret sur ses opérations[2].

Le 14, nos forces au complet se trouvent réunies devant le fort de Phu-sa. C'est un point bien choisi, à la jonction des deux digues, à l'endroit où la rivière le Day sort du fleuve Rouge, à petite distance et au-dessous de Son-tay. Les Chinois, en l'entourant de travaux de défense, en ont

---

1. Lettre de Mgr Puginier, évêque d'Hanoï.

2. « Le silence sur ses résolutions était un principe arrêté. Ne prenant conseil que de lui-même, il ne se livrait à aucune confidence inutile. » (Loir.)

fait un ouvrage fermé, une position redoutable :
c'est la clef de Son-tay.

Après une reconnaissance opérée par lui-même,
l'amiral attaque les premières lignes. Elles sont
emportées : la branche du sud, par l'infanterie de
marine; celle du nord, par les tirailleurs algériens.
C'est un premier succès. Nos troupes se réunis-
sent à la jonction des digues. Mais là, à découvert, elles n'ont devant elles qu'une route unique,
droite, en relief, hérissée d'obstacles. Ce n'est pas
long : la route ne mesure que six ou sept cents
mètres... Mais c'est dur à franchir, car elle est
balayée dans toute sa longueur par les canons
d'une barricade qu'il faut prendre d'assaut.

Deux fois les turcos s'élancent. Ils sont repous-
sés, écrasés. Ils s'acharnent encore. Là tombent,
à la tête de leur compagnie, bon nombre d'officiers. L'amiral arrête une nouvelle attaque. Il
faut toute son énergie pour maîtriser la fureur
des turcos.

La nuit vient en effet. L'incendie des maisons
voisines augmente le désordre. Il n'a que le temps
de faire établir ses troupes à l'angle de Phu-sa, à
l'abri d'un retranchement improvisé et couvertes

par quelques pièces de campagne qu'il a sous la main. La mesure était sage : à plusieurs reprises pendant la nuit, les Pavillons noirs, profitant de la connaissance des lieux, cherchent à reprendre les positions perdues. Ils en comprenaient l'importance : c'était une brèche ouverte sur Son-tay... Il y eut dans les ténèbres une lutte terrible qui dura jusqu'au jour. Sans cesse repoussé, l'ennemi abandonna les défenses du fleuve pour se replier dans la ville et dans la citadelle [1].

En franchissant la barricade où étaient venus se briser les turcos, on la vit jonchée de leurs cadavres, mais aussi couverte de cadavres chinois.

Nous y avions laissé cinquante morts et cent cinquante blessés. C'était un premier succès, mais il nous coûtait cher. Nous n'étions encore qu'aux ouvrages extérieurs. Qu'allait donc coûter l'assaut de la ville et de la citadelle ?

1. Notre infanterie prit pied dans les tranchées des lignes de Phu-sa le 14 décembre. Les Pavillons noirs ne cédèrent le terrain que pas à pas. Ils tentèrent même, dans la nuit du 14 au 15, et grâce à leur connaissance des communications, un retour offensif dans ces boyaux dont ils connaissent tous les détours ; et il fallut toute la ténacité de nos troupes pour se maintenir jusqu'au jour dans les positions conquises. *Le Tonkin en 1884* (*Revue maritime,* janvier 1888).

La journée du 15 fut employée à occuper solidement les positions perdues par l'ennemi. La flottille put aller s'embosser jusque devant la ville. La citadelle, qui en occupe le centre, est à une portée de canon du fleuve. C'est un carré de 300 mètres de côté, dont les murs en briques sont couronnés de traverses pour les défenseurs et de plates-formes pour l'artillerie. Elle fut construite à la fin du siècle dernier, par un ingénieur français, sur les plans de Vauban. Chacune de ses faces est flanquée d'une tour circulaire avec porte voûtée et un pont massif jeté sur le fossé.

La ville, qui s'étend autour et qui comptait quinze mille habitants, est entourée d'une enceinte semblable. Toutefois, ici, le rempart est en terre; il est casematé, percé de meurtrières et d'embrasures rapprochées, garnies de gros canons. Une haie en bambous, de dix mètres de haut, en dérobe la vue.

Le fossé qui l'entoure est large, profond, rempli d'eau alimentée par un ruisseau voisin.

Comme la citadelle, la ville avait quatre portes en maçonnerie, dont deux à l'est et à l'ouest, entièrement murées : vrais forts inexpugnables, hérissés de canons. Les portes du nord et du sud, seules restées ouvertes, n'étaient que plus solidement gardées.

Tel était l'ensemble des lignes qui nous barraient la route. Elles étaient armées d'une centaine de pièces de toute dimension.

De notre côté, nous avions sept canonnières sur le fleuve, quarante pièces de campagne et une armée de quatre ou cinq mille hommes. C'est avec ces forces que le dimanche 16 décembre nous ouvrions le feu.

Dès le matin, l'amiral, avec l'infanterie de marine, simula une attaque contre la porte Nord. En réalité, c'était celle de l'Ouest qui était son but. Quoique murée et couronnée de forte artillerie, il en avait reconnu, vers le sud, quelques points vulnérables.

A moins de 300 mètres, il faisait déployer en tirailleurs la légion étrangère. De sa personne, il se portait en avant de la première ligne, sur un léger monticule, d'où il pouvait observer le terrain.

Il s'y trouvait à découvert, directement battu par le feu de la place. N'importe! il pouvait suivre de là l'action de la journée : il y demeure impassible. De là, en effet, dans le calme et la netteté de son esprit, il lance dans les directions diverses les ordres les plus précis. C'est ainsi qu'au moment voulu, trois batteries viennent s'échelonner et couvrir de leur feu la marche progressive des troupes. Elles se rapprochent peu à peu des remparts.

L'ennemi tente sur notre droite un mouvement tournant : il est balayé par les turcos et les Hotchkish d'une canonnière voisine.

La flottille continue à tenir la ville sous son feu. Les Pavillons noirs répondent vivement.

Des deux côtés, c'est, pendant tout le jour, un duel au canon ; il précède et prépare l'assaut.

A 5 heures, les tirailleurs ne sont plus qu'à 100 mètres.

L'ennemi semble se ralentir : le moment est venu. L'amiral fait hisser le signal... En avant!...

Les clairons sonnent la charge... En avant !

De *Marseillaise*, point.

C'est au cri de : *Vive la France !* que les troupes passent au pas de charge devant le petit mamelon, d'où l'amiral, exposé, lui aussi, au feu le plus meurtrier, les salue avec une émotion qu'il ne peut contenir.

Quel tableau! nous l'avons sous les yeux.

Ah! vous pouvez courir à l'assaut, fantassins de marine, turcos, fusiliers, légionnaires!... le chef que vous saluez à travers la mitraille y montera en même temps que vous. Vous le savez : c'est ce qui vous enlève!...

..... La tête de colonne ne se heurte pas à la porte murée; elle se jette à droite, s'engage dans la première ligne, la franchit, franchit aussi le fossé : la haie de bambous cède.

Malgré une résistance acharnée, quelques hommes déblaient une poterne, d'autres gravissent le talus, d'autres enfin couvrent le parapet. Ils sont suivis, soutenus par des masses compactes. La batterie de la porte est tournée. C'en est fait : l'enceinte de la ville est à nous...

L'ennemi ne tient plus. En voyant ses derniers retranchements forcés, il fuit en désordre, disparaît dans les rues, gagne la citadelle : c'est son dernier refuge!

L'amiral a suivi de près sa colonne d'assaut : à 5 heures il est sur les remparts.

Pour le moment, comme l'avant-veille à Phu-sa, ses efforts se réduisent à arrêter l'élan du soldat. La nuit tombe. Il n'est pas prudent de s'engager plus loin : la ville est inconnue. Il fait cesser le feu et assurer les positions conquises.

Il n'y eut pas de retour offensif. Pendant la nuit, les patrouilles constatent près de la citadelle un silence profond. Au jour, sans coup férir, le commandant Laguerre y pénètre avec ses fusiliers.

L'enceinte était déserte. L'ennemi avait fui : il ne se sentait plus en sûreté derrière ses murailles. Il les avait abandonnées dans le plus grand désordre. Tout y portait la trace d'une fuite rapide : « Canons, caisses d'argent, poudres et munitions, vivres et vêtements, les défenseurs avaient tout laissé, même leurs morts, ordinairement entourés de leur plus grand respect... »

L'aspect de Son-tay est horrible : c'est, dans sa sinistre grandeur, le spectacle de la ville prise d'assaut, avec ses défenses criblées, ses murs démantelés, ses canons renversés, ses rues jonchées de boulets et d'éclats d'obus; partout du sang, partout des cadavres, des armes et des ruines. La fuite du chef des Pavillons noirs fut si précipitée, qu'il n'eut pas le temps d'emporter sa correspondance avec les mandarins chinois. Elle contenait l'ordre du gouverneur du Yunnan, dont nous avons parlé, ordre de massacrer les chrétiens du Tonkin...

A 9 heures du matin, l'amiral fit son entrée dans la citadelle ; il y fut accueilli par d'enthousiastes hurrahs. Il était devenu l'idole de sa petite armée.

« Dans cette campagne de quelques jours, il avait montré une précision, une énergie et une bravoure personnelle, qui en avait fait un héros aux yeux de ses soldats [1]. »

Le soldat, en effet, ne doute plus de lui. Il en a éprouvé la science, le courage et le cœur : cela lui suffit. Désormais il ne s'appartient plus ; il appartient au chef dans lequel il a reconnu cette force morale qui est d'un si grand poids dans le sort des batailles.

Son obéissance est passive ; l'anéantissement de sa volonté est complet : complet devant le

1. GANNERON, *l'Amiral Courbet*. Paris, 1886.

sacrifice, devant la souffrance, devant la mort.

C'est le dernier mot de l'esprit militaire, et, comme le dit un éloquent publiciste : « C'est l'abnégation à la hauteur d'un culte, d'une religion, d'une foi[1]. »

« Notre métier ne serait pas le premier de tous, si nous nous bornions à tuer ou à nous faire tuer.

« Il est grand, il est pur, il est noble, il est beau, parce que nous avons charge d'âmes, parce que des hommes, nos semblables, mettent entre nos mains tout ce qu'ils ont de plus cher, leur vie et leur honneur... Nos soldats tombent épuisés sur le chemin, et ne font pas entendre une plainte... Sur un mot sorti de nos lèvres, sur un geste de notre main, ils se précipitent dans la mort.

« Et lorsque nous visitons nos blessés, ils se dressent sur leur séant... portant la main à leur front et saluant le chef avant de fermer les yeux pour toujours[2] ! »

« A de pareils moments, le code militaire a

1. *La Démocratie et l'Armée.*
2. Général AMBERT.

bien peu de force. Ce qui en a, c'est le son de la voix, c'est le geste, c'est le regard, c'est tout ce je ne sais quoi qui révèle à l'inférieur l'énergie et la résolution du chef. A cette heure, qu'on me passe le mot, l'un et l'autre se toisent d'un dernier regard, d'un coup d'œil suprême : celui d'un juge, non du subordonné [1]. »

Dieu sait pourtant sur quels éléments variés, incohérents, difficiles à conduire, Courbet était arrivé en si peu de temps à exercer un pareil ascendant. Nous ne parlerons pas des compagnies de marins et d'infanterie de marine : elles avaient fait leurs preuves. Mais, dans le petit corps d'armée qui l'acclamait avec enthousiasme sur les remparts démantelés de Son-tay, la majeure partie se composait de compagnies d'Afrique, de turcos, de légionnaires, de tirailleurs annamites et d'auxiliaires tonkinois !

— Pour faire marcher ces gens-là, je n'ai qu'un moyen : c'est l'exemple.

C'était là son secret, et telle fut aussi la réponse qu'il fit aux officiers de son état-major, qui le

---

1. *France*. P. DU LAC.

suppliaient de ne point rester, pendant la journée
du 16, exposé à la mitraille qui balayait le tertre
avancé dont il avait fait son quartier général
et son observatoire. Nous le répétons, en ce
moment, toute la science de Courbet était là : la
bravoure ! la bravoure poussée jusqu'à la témérité !
Chez un général en chef, elle peut sembler insensée ;
chez lui elle était froide, calculée, qu'on nous
passe le mot, presque scientifique.

La Rochefoucauld l'a dit avec raison : « Puisque
le vrai courage consiste dans la force de l'âme,
pouvant s'élever au-dessus des troubles que le
danger fait naître, c'est par l'usage libre de la
raison, dans ces moments suprêmes, que se font
les héros [1]. »

A notre départ de Hanoï, le correspondant du
Daily-News écrivait que Son-tay serait notre
Plewna au Tonkin. Nous n'avons pas à voir si
Lhu-vhin-phuoc valait Osman pacha. Ce que
nous savons, c'est que Plewna avait coûté aux
Russes un long siège : Son-tay avait été emporté
par nous en deux jours. Ce que nous savons

1. *Maximes.*

encore, c'est que l'amiral français s'y montra en bravoure l'égal de Skobeleff; et en talents militaires, bien supérieur aux généraux Krudner et Shakowskoi.

La prise de Son-tay nous avait coûté moins cher que celle de Phu-sa. Dans la journée du 16, nous ne comptions qu'une vingtaine de morts et quatre-vingts blessés. « Quelque cruelles que soient ces pertes, ces deux journées resteront mémorables [1]. »

Avec les forces dont il disposait, il ne lui fut pas permis de recueillir tous les avantages qu'il pouvait tirer de la victoire. Il ne put arrêter les Chinois. Impossible de couper leur ligne de retraite.

Les plus légères de nos canonnières tentèrent en vain de s'opposer au passage de la rivière Noire. L'état des eaux ne leur permit pas de remonter le fleuve Rouge jusqu'à son confluent.

Nous avons déjà énuméré les faibles ressources avec lesquelles avait été accompli ce glorieux fait d'armes. Nous le répétons : l'amiral ne dispo-

1. Rapport de l'amiral.

sait que de quatre mille hommes de troupes européennes, de douze cents Annamites, et de quelques
auxiliaires tonkinois. C'était assez pour tenter
l'assaut, insuffisant pour couper la retraite. Et,
en effet, pour garder les derrières, il fallait laisser
le reste de ses troupes, trois mille hommes environ, disséminés dans les diverses places de ce
fameux Delta, conquis jusque-là au son du clai-
ron plus qu'à coups de fusil.

Avec deux mille hommes de plus, l'amiral
Courbet en finissait avec les Pavillons noirs ;
du même coup il emportait Bac-ninh.

Cette prise de Bac-ninh, préparée et non effec-
tuée par l'amiral Courbet, mérite qu'on s'y arrête :
c'est une page d'histoire contemporaine ; elle a
son intérêt.

L'assaut de Son-tay avait été meurtrier : quatre
cents hommes étaient hors de combat. Devant les
chances d'un retour offensif, trois bataillons furent
laissés pour défendre la place. Il ne restait donc
disponible qu'un effectif de deux mille deux cents
Européens et de mille Annamites. Marcher sur
Bac-ninh avec de telles forces, c'était une folie.
L'amiral Courbet ne s'y laissa point prendre. On

touchait à la fin de l'année : à cette époque, il n'y avait pas à attendre de France de nouveaux renforts. On le lui avait dit et redit, écrit et répété sur tous les tons ; on l'avait affirmé à la Chambre [1].

Dès lors, il n'avait plus à compter sur d'autres forces que sur celles qu'il pouvait trouver dans le pays. Elles devaient seules remplir les vides et compléter l'effectif de la colonne destinée à Bac-ninh. Quelle qu'en fût la difficulté, l'amiral sut pourtant les trouver. D'abord, la construction d'un blockhaus au centre de Son-tay lui permit de retirer deux bataillons de la garnison qu'il y avait laissée ; ensuite, quelques compagnies d'indigènes purent être tirées de Saïgon ; enfin, le corps de débarquement de l'amiral Meyer était

1. Qu'on veuille le remarquer, ce n'est que le 15 décembre 1881, la veille de la prise de Son-tay, que M. Jules Ferry faisait, devant la commission du Tonkin, la déclaration suivante : « Je ne puis répondre d'une façon formelle aux interrogations de M. le président de la commission.

« L'amiral Courbet n'a pas formulé de demande expresse de renforts. Il m'a annoncé sa marche sur Son-tay. Néanmoins, les renforts sont nécessaires. Il ne s'agit pas, comme on l'a dit, d'une expédition de *rallonge*. Il serait imprudent d'ajourner l'expédition des renforts. Il faut exercer une pression morale capable d'influer sur les décisions du Céleste Empire. »

là : c'était assez pour avoir une force égale à celle qui venait d'enlever si brillamment Son-tay.

Ajoutez le prestige récent de la victoire, et vous pourrez affirmer que le mois de février ne devait point passer sans voir nos couleurs flotter sur les murs de Bac-ninh. Un mois était strictement nécessaire pour mettre, avec le moins d'hommes possible, la citadelle de Son-tay à l'abri d'un retour offensif. En attendant la reprise des opérations, il ne néglige rien pour préparer la paix. La paix définitive, c'était son but suprême. Il ne le perdait pas de vue. Même en pleine victoire, il le rappelait dans son ordre du jour :

« SOLDATS ET MARINS,

« Les forts de Phu-sa et la citadelle de Son-tay sont désormais illustrés par votre vaillance. Vous avez vaincu un ennemi redoutable, et montré une fois de plus au monde entier que la France peut toujours compter sur ses enfants. Soyez fiers de vos succès : ils annoncent la pacification du Tonkin. »

Cette œuvre de pacification accomplie avec les

seules ressources dont disposait Courbet, présentait l'avantage de ne point obérer le Trésor. On lui préféra d'autres combinaisons.

A la veille de mettre à exécution des opérations militaires sagement conçues et habilement préparées, un télégramme de Paris arriva dans la nuit.

Pour l'amiral ce fut un coup de foudre, un coup en pleine poitrine : c'était l'effondrement de ses combinaisons. Sans qu'il l'eût demandé, c'était l'envoi d'une armée de plus de six mille hommes et de trois généraux, une véritable armée de secours, supérieure en nombre à la petite armée victorieuse qui venait d'emporter Son-tay et qui se préparait à enlever Bac-ninh.

Devant les besoins du moment, que pouvait donc signifier, à si grande distance, ce déploiement de forces, ce gaspillage d'argent, et surtout ce luxe de généraux ?

Par le fait, l'amiral était relevé de son poste : relevé comme un simple sergent ; remercié comme un serviteur inutile. C'était dur.

Devant cette dépêche, il resta impassible ; il en chiffonna convulsivement le papier, mais pas un muscle de son visage ne trahit l'émotion. Il s'inclina digne et muet : c'est l'homme du devoir et de la discipline. Il ne changea rien à ses dispositions.

Il continua à étudier les approches de Bacninh avec le soin qu'il aurait mis s'il avait eu à en conduire lui-même l'attaque.

Ses reconnaissances de nuit n'étaient pas toujours sans danger.

Dans l'une d'elles, sur le canal des Rapides, seul avec son chef d'état-major et une faible escorte, il se trouva tout à coup assailli par un feu de mousqueterie. Il était à deux pas des Chinois.

Il resta impassible ; le sifflement des balles n'interrompit point ses observations, n'en abrégea pas la durée.

L'émotion ne semblait pas l'atteindre ; que dis-je ? le danger avait pour lui une puissance, un attrait : l'attrait de la difficulté vaincue. C'était un réactif, un âpre cordial pour supporter l'amertume du devoir accompli.

Le 20 février, il reçut son successeur à Hanoï avec tous les honneurs qui lui étaient dus. Il lui remit les documents relatifs au service et tous les éléments de succès dont il avait pu l'entourer. Une demi-heure après, il prenait congé du général, et regagnait son vaisseau *le Bayard*.

Et maintenant, que dire et que conclure, sinon dire et conclure avec tout le monde : Si on avait laissé l'amiral continuer son œuvre, à coup sûr, on ne se serait pas trouvé en face des surprises que nous réservait le Tonkin ?

Son remplacement a été plus qu'une ingratitude, plus qu'une iniquité : il a été une faute. Le ministre qui l'a commise, en a assumé la responsabilité devant le pays et aussi devant le corps auquel il appartient.

Comment, dans votre arme d'élite, dans votre noble corps d'officiers de vaisseau, vous avez la bonne fortune, dans nos temps troublés, de rencontrer un homme de forte trempe, bon à montrer aux amis et aux ennemis ; et cet homme, vous allez le sacrifier à des considérations secondaires ! Ah ! Monsieur le ministre, Courbet vous l'a écrit : « C'est trop opportuniste. »

On a donné bien des raisons pour expliquer cette inexplicable mesure. Nous ne connaissons rien de plus embarrassé qu'une lettre écrite à ce sujet par le ministre de la marine à Courbet[1].

On a mis en avant l'infériorité du grade. Mais la supériorité de l'homme une fois établie, que signifie le grade pour donner la victoire?

On a dit aussi que, les nouveaux renforts de troupes envoyés au Tonkin appartenant à l'armée de terre, on ne pouvait laisser à leur tête un officier de l'armée de mer.

Une interpellation avait eu lieu à la Chambre. Elle pouvait se renouveler. Dans ces conditions, un échec au Tonkin mettait le ministère aux abois. C'était assez pour lui faire sacrifier Courbet.

Est-ce à des considérations de cet ordre, à peine masquées sous une puérile question d'uniforme et de bouton, que devait céder un gouvernement digne de ce nom, plus soucieux de la gloire du pays que de ses intérêts électoraux?

Le ministre de la guerre avait hautement déclaré que, pour ce qui le regardait, « il ne se chargeait pas de remplacer l'amiral Courbet, au

---

1. Lettre reproduite dans l'ouvrage de M. GANNERON, p. 260.

moment où il allait entreprendre une importante opération [1]. »

On a bien dit aussi qu'ayant été nommé grand officier de la Légion d'honneur, plus tard vice-amiral, il avait obtenu la récompense de ses services.

Pour une âme vulgaire, c'est possible. — Mais pour une âme élevée au-dessus des intérêts du temps, il n'est pas d'honneur qui, en récompense de la victoire de la veille, puisse faire renoncer à la victoire du lendemain.

Les croix passent, les grades s'oublient ; la victoire reste.

Quels qu'en soient les motifs, ce qui est hors de doute, c'est que le ministre de la marine ne voulait pas laisser plus longtemps Courbet éloigné de la flotte ; il ne voulait plus le voir, à terre, continuer les opérations qu'il avait si glorieusement entreprises.

Ses lauriers lui portaient-ils ombrage?... On l'a dit.

Le ministre jaloux de l'amiral Courbet! c'est

1. GANNERON.

impossible. Autant nous dire que son frère, le laïcisateur des hôpitaux des pauvres, a pu être jaloux de saint Vincent de Paul.

S'il nous est permis d'avancer une idée sur ce point, nous la résumerons en deux mots : supposons les rôles renversés, Courbet ministre ; supposons que, pour des considérations quelconques, on soit venu lui demander à remplacer, par un officier inconnu de l'armée de terre, un de ses camarades victorieux.

J'en appelle à tous ceux qui ont connu Courbet.

Se figure-t-on le geste de superbe dédain dont il eût accompagné sa réponse connue : Jamais !

Peut-on donc s'étonner si l'amiral, si correct dans ses actes, soit moins impassible dans ses épanchements intimes ?

« Les héros et les saints ont la même origine[1] »; mais on ne peut demander aux uns ce qu'on attend des autres.

---

1. Janmot, *Opinion d'un artiste sur l'art.*

Hanoï, 24 décembre 1883.

Je rentrais de Son-tay, tout heureux de ce nouveau succès, songeant à la joie qu'en éprouverait mon pauvre frère malade depuis plusieurs mois, quand je reçus la nouvelle de sa mort. Vous devinez si je suis tombé de haut. Rien ne pouvait me faire supposer un dénouement si brusque. Le dernier courrier m'avait apporté une lettre rassurante de ma sœur. Mon frère, bien mieux, m'avait écrit quatre pages. Enfin, je croyais que son affection (une gastralgie) avait du moins l'avantage, quoique douloureuse et persistante, de ne pas menacer ses jours. Tout concourait à me donner confiance. Cette campagne, si heureuse d'ailleurs, sera la plus triste de toute ma carrière. Je ne me consolerai point de ne pas avoir été là pour fermer les yeux de mon cher frère, et je suis bien certain que mon absence a dû rendre ses derniers moments plus pénibles encore. Comment ma sœur va-t-elle supporter ce coup? Ils avaient les mêmes habitudes, les mêmes goûts; ils habitaient à deux pas l'un de l'autre; chaque jour ils se voyaient. Aussi suis-je bien inquiet, car ma sœur n'est pas jeune, elle a près de soixante-dix ans; à cet âge, on se sépare plus difficilement encore de ses affections. Cette préoccupation me poursuit avec acharnement, car je sens que mon retour est lointain. Il y a encore beaucoup à faire ici. Et avant de compter sur la tranquillité intérieure, il faut se défier des menaces des voisins. Vous voyez entre quels sentiments je suis tiraillé... La prise de Son-tay ne suffira point pour en finir ; celle de Bac-ninh est indispensable, et nous ne pourrons point marcher dans cette direction avant six semaines au moins : je ne vois donc pas que je puisse quitter le Tonkin avant le milieu de l'année prochaine, s'il n'y a aucun encombre.

Hanoï, 15 janvier 1884.

... Grâce à de bonnes âmes, nos pauvres patients ont tous les allégements compatibles avec les ressources du pays et des colonies voisines. Cependant le meilleur vient encore d'en haut. — La saison d'hiver est exceptionnellement belle, sèche surtout ; la température modérée ; le soleil ne se fait point prier à paraître ; enfin, tout est on ne peut plus favorable pour la guérison des plaies. Malgré cela, nous avons eu pas mal de morts depuis un mois, et il est encore trois ou quatre blessés dont le sort est à peu près certain. Cela fera plus de cent tués, et environ trois cents blessés.

De ce qui m'a atteint moi-même, je ne suis pas encore bien remis. Je ne comprendrai jamais l'assentiment donné à la mesure qui a fait passer la direction du département de la marine à celui de la guerre. Cette inexplicable mesure me guérira-t-elle de l'ardeur que la Nouvelle-Calédonie elle-même n'est point parvenue à éteindre ? En prendrai-je désormais plus à mon aise ? Ce que je sais bien, c'est qu'aucune récompense ne me fera oublier une telle amertume. Il est peu probable que je reste longtemps ici.

15 janvier 1884.

... Nos journaux français, qui se payent si volontiers de mots, commencent-ils à croire que les Pavillons noirs et les Chinois qui les secondent sont des soldats aguerris, avec lesquels il faudra compter sérieusement? La saison n'est pas moins favorable aux bien portants qu'aux blessés : aussi je ne leur laisse pas de loisirs immodérés pendant le temps d'arrêt inévitable qui nous sépare de l'expédition contre Bac-ninh. Faute de deux mille hommes pour couper la retraite aux Pavillons noirs, je n'ai pu changer leur retraite en déroute et marcher immédiatement sur Bac-ninh.

Bon gré, mal gré, il me faut laisser à Son-tay près de la moitié de la colonne mobile, jusqu'au terme des travaux qui permettront de défendre la place avec une faible garnison.

Ce retard est bien préjudiciable aux opérations. La faute en est aux *hésitations perpétuelles du cabinet.* Il m'est aussi bien préjudiciable : car, avant le moment de repartir du pied gauche, j'aurai vu arriver ici un général de division et deux généraux de brigade, précurseurs de six mille hommes de troupes. Vous supposez bien que je n'ai jamais demandé tant de milliers d'hommes et tant de généraux de division.

A. COURBET.

Réponse à l'allocution du général Bichot.

Hanoï, 12 février 1884.

MON CHER GÉNÉRAL,

Je suis touché des bonnes paroles que vous venez de m'adresser. — Messieurs, je vous ai réunis pour vous faire mes adieux avant de vous quitter. J'ai tenu à le faire de vive voix.

Je n'oublierai jamais votre courage et votre entrain à l'assaut de Phu-sa et de Son-tay. S'il s'était trouvé là un représentant d'une puissance étrangère et jalouse, assurément cet élan lui eût donné à réfléchir.

Messieurs, en vous quittant, je ne vous dis pas adieu, mais au revoir. Je suivrai vos succès de loin; mais de cœur, je serai tout près de vous.

Ordre du jour.

Hanoï, 14 février 1884.

SOLDATS ET MARINS,

Il y a deux mois nous marchions sur Son-tay. Je comptais bien vous conduire à Bac-ninh. Cet honneur ne m'est point réservé. Sous peu de jours, je dois remettre à M. le général Millot le commandement en chef de l'expédition du Tonkin.

Recevez mes adieux. C'est avec un profond chagrin que je vous quitte. Jamais je n'oublierai avec quelle bravoure vous avez tenu le drapeau de la France. Mon ambition eût été de partager encore vos dangers et votre gloire. J'applaudirai de cœur à vos nouveaux succès.

Bayard, 17 février 1884.

Il y a bien longtemps que je vous ai donné signe de vie ; et cependant, depuis ma dernière lettre, j'en ai reçu plusieurs de vous. C'est à bord du *Bayard* que vous me retrouvez, à bord du *Bayard* où je suis rentré le 13, après avoir remis au général Millot le commandement en chef du corps expéditionnaire. Désormais la division navale est ma seule ressource pour remporter de nouveaux succès, et je ne vois guère à l'horizon d'éventualités qui remette nos gros canons en branle. Sous peu de jours, au contraire, on sera prêt à marcher sur Bac-ninh ; mais je ne serai plus là, à la tête de mes vaillants soldats.

Au vice-amiral de Gueydon.

Bayard, 17 février 1884.

AMIRAL,

Je suis très fier des félicitations que vous avez bien voulu m'adresser. Les suffrages d'un maître tel que

vous m'auraient assuré de nouveaux succès; il ne me
sera point donné de les remporter. J'avais cru mériter
l'honneur de commander jusqu'au bout une expédition
aussi bien commencée; le gouvernement en a décidé
autrement : il m'a fallu remettre tous les pouvoirs à
M. le général Millot avant d'avoir pu reconstituer une
colonne mobile suffisante pour marcher sur Bac-ninh.
Le devoir est parfois bien rigoureux. Je ressens vivement cette disgrâce, à la veille d'une victoire certaine
et décisive : car mes soldats sont désormais sûrs de
vaincre, et tout deviendra facile avec les renforts qui
arrivent.

Je suis avec un profond respect votre très obéissant
et très dévoué serviteur,

COURBET.

Au vice-amiral Gicquel des Touches.

Bayard, 19 février 1881.

AMIRAL,

Je vous remercie des termes dans lesquels vous avez
bien voulu me féliciter de la prise de Son-tay. (Il ne
faut pas moins que des témoignages comme les vôtres,
pour atténuer l'amertume de la *sorte de destitution*
que le gouvernement m'a infligée.) Un général s'imposait, me dit-on, en raison du contingent nombreux
fourni par la Guerre : comme si un marin n'était

pas plus apte à conduire des opérations militaires auxquelles concourent une dizaine de canonnières, quel que soit d'ailleurs l'effectif des troupes ! Et puis, sans prétention comme sans excès de modestie, n'avais-je point fait mes preuves ?

Réparer les désordres de l'administration Harmand, relever le prestige de nos armes, rendre confiance à tout le monde dans le succès de l'opération, compte-t-on tout cela pour rien ? Que le ministre ne m'ait point nommé vice-amiral, c'est son droit : il nomme qui il *lui plaît,* je n'ai rien à réclamer ; et puis cela importe peu à nos futurs succès. Mais que le gouvernement m'ait relevé de mon commandement à la veille d'une victoire certaine, décisive, voilà ce qui ne touche pas seulement à ma personnalité, mais ce qui, dans une certaine mesure, porte atteinte à des intérêts plus généraux. Les énormes renforts qui arrivent, rendent désormais tout facile ; néanmoins, mon remplacement retarde au moins d'une quinzaine l'entrée en campagne sur Bac-ninh. Si capable que soit le général Millot, il lui faudra au moins ce temps-là pour se mettre au courant de la position et des forces de l'ennemi, quoique je lui aie laissé tous les renseignements possibles à cet égard.

Ah ! si j'avais pu reconstituer seulement les huit bataillons réguliers avec lesquels je suis allé à Son-tay ! Il y a longtemps que nous aurions marché sur Bac-ninh. Mais il y en a au moins trois d'immobilisés pour garder notre conquête jusqu'à ce que nous ayons terminé les travaux nécessaires pour la défense, avec une moindre garnison. Et me voici maintenant réduit au rôle obscur d'accélérer le débarquement des troupes que mon heureux successeur conduira au feu.

Je n'ai pas voulu que ceux de mes camarades qui commanderont de pareilles expéditions fussent exposés à de semblables déboires. Dès ma rentrée à bord du *Bayard,* j'ai usé de la faculté qui m'est ouverte par l'article 44 du décret du 20 mai : j'ai protesté officiellement contre la mesure qui est venue m'atteindre en plein succès. Ma santé s'est merveilleusement soutenue au milieu des fatigues physiques auxquelles je n'étais guère habitué : merci de vous y intéresser !

Au revoir, Amiral ! Dès mon retour, je m'empresserai d'aller vous présenter mes respects. Je suis enchanté des nouvelles que vous me donnez de votre jeune ménage. Veuillez bien ne pas m'oublier auprès de Monsieur votre fils. Je suis, avec un profond respect, Amiral, votre très obéissant et très affectionné serviteur,

A. COURBET.

A M. V. de S.

Bayard, 24 février 1884.

CHER MONSIEUR,

... Au nom du peuple français et par la volonté nationale, j'ai dû remettre au général Millot le commandement en chef du corps expéditionnaire.

Ce sont les étrennes du gouvernement de la République :

> Car Ferry prodigue ses biens
> A ceux qui font vœu d'être siens.

Quand je pense qu'il y a aujourd'hui trente-six ans, je risquais ma peau dans les rues de Paris pour préparer l'avènement de ces polichinelles-là !

Bref, le sacrifice est consommé. Depuis le 12, je suis rendu à bord du *Bayard*.

Vous connaîtrez la nouvelle victoire de nos troupes bien avant le jour où ce petit mot vous parviendra. Je me plais à espérer qu'après, la Chine comprendra un peu mieux ses intérêts; qu'elle demandera immédiatement à traiter, et qu'on lui tiendra la dragée haute. Ce n'est pas, je le présume, pour ce malheureux delta du fleuve Rouge que nous avons acculé ici une armée de quatorze mille hommes. Il faut que la Chine rende gorge, qu'elle paye en espèces sonnantes et métalliques ses fautes et les nôtres. Quelle occasion pour M. Tirard de rattraper un peu ses déficits !

Agréez, cher Monsieur, l'assurance de mes sentiments affectueux et la cordiale poignée de main d'un homme que les remords du 24 février 1848 poursuivront jusqu'au bord de la tombe.

A. COURBET.

Bayard, 9 mars 1884.

J'aurais dû vous écrire par le dernier courrier, j'avais même la ferme intention de le faire par le précédent, et

le dernier jour il m'a fallu consacrer tout mon temps
au service de la patrie ; à un service obscur, bien entendu, car désormais il n'y a plus de gloire que pour
le général Millot et ses heureux compagnons d'armes.
Ils sont en marche depuis hier, et le télégraphe vous
aura appris la prise de Bac-ninh, bien des jours avant
celui où ce petit mot vous parviendra. J'espère qu'ils ne
s'en tiendront pas là ; qu'en dépit des clameurs, le gouvernement modifiera son programme primitif, afin d'ex-
torquer à la Chine deux ou trois cents millions d'indemnités de guerre. C'est aujourd'hui le moins que
nous puissions demander... Grand merci de votre
témoignage de sympathie à la mort de mon pauvre
frère ! etc., etc.

Bayard, 24 avril 1884.

Vous désirez que le retour immédiat soit la conséquence de la promotion : le ministre en a jugé autrement, et sur ce point je dois le remercier. Je suis maintenu ici tant que nos différends avec la Chine ne sont
point terminés, afin de prendre le commandement de
toutes nos forces navales dans ces mers-ci. Une telle
opération maritime serait la seule compensation que
les circonstances puissent m'offrir ; mais je ne me fais
guère d'illusions, et j'ai peu de confiance dans la seule
branche qui soit encore à ma portée.

Depuis le jour où les Célestiaux ont mal digéré le
traité de Hué, je n'ai eu qu'une opinion et je l'ai répé-
tée sur tous les tons :

« Déclarer la guerre à la Chine, brûler ses ports, ruiner sa marine. »

La paix était immédiate, et nous obtenions toutes les indemnités désirables.

Mais comment prendre une résolution virile, quand le gouvernement est obligé de consulter les Chambres, qui à leur tour considèrent comme un impérieux devoir de consulter les électeurs ?

Je me demande où les journaux vont prendre que ma santé est ébranlée et que je demande à rentrer. Il est vrai qu'ils ne se gênent pas davantage pour me faire veuf, avec une fille et une grande fortune ; un de ces jours je vais recevoir des demandes en mariage pour cette jeune héritière. Ainsi de bien d'autres choses.

Au vice-amiral Gicquel des Touches,

Bayard, 30 avril 1881.

AMIRAL,

En me remplaçant, à terre, dans la direction des opérations militaires, à la veille d'une victoire, le gouvernement a enlevé, de propos délibéré, à la marine, l'honneur de terminer une campagne qu'elle avait si bien commencée. Vous connaissez toutes les mauvaises raisons par lesquelles on a essayé de justifier cette iniquité [1]. On a eu l'air de me donner une compensa-

1. Lettre du ministre déjà citée, ouv. GANNERON.

tion en me réservant le commandement de nos forces navales, en cas de déclaration de guerre à la Chine ; je suis maintenant ici dans ce but, quoique vice-amiral.

Si faible que soit la chance que le général Millot a laissée à ma portée, je m'y raccroche bien volontiers. Toutefois, je ne me fais guère d'illusions sur l'issue définitive. Que ne m'a-t-on cru lorsque, au lendemain de Thuan-an, au début des rodomontades des Célestiaux, je disais que le plus sûr et le plus prompt moyen d'en finir consistait à déclarer la guerre, à brûler les ports militaires, à ruiner la marine de la Chine ? Avec les seules forces réunies sous le commandement de Meyer et le mien, il y en avait pour quinze jours : c'eût été beaucoup plus court et meilleur marché. Il est toujours temps d'en arriver là ; le moyen n'a pas cessé d'être le meilleur, étant donné surtout que l'on a arrêté nos troupes à mi-route de Lang-son. Si, au contraire, on continue de permettre au marquis Tseng ses chassés-croisés entre Paris, Londres et Berlin, nous ne sortirons jamais du gâchis diplomatique ; la retraite me surprendra ici dans l'expectative de quelques derniers coups de canon.

Le tableau que vous me faites de notre pauvre pays est malheureusement trop vrai. Chaque courrier m'apporte un écho de nos épreuves et me montre de tristes perspectives. Il ne manque cependant pas de cœurs fermes et de bras vigoureux ; mais ces éléments de résistance demeurent épars, plus encore par apathie que par divergence d'objectif. Si maltraités que soient les partis conservateurs, si menaçant que soit le lendemain, ils n'ont pas encore été atteints dans leur bien-être matériel ; et je crois qu'ils ne cesseront de sommeiller que le jour où ils craindront qu'on leur enlève leur oreiller. Dieu veuille que je me trompe !

Le rapport du général en chef ne dit pas ce que nos marins ont été à Bac-ninh. En quittant Hanoï, j'avais obtenu que mes compagnies de débarquement fussent maintenues à terre jusqu'à la fin des opérations. Elles m'en ont brillamment témoigné leur reconnaissance. Les honneurs de la journée du 12 mars leur sont incontestablement acquis : elles ont enlevé d'un seul bond, au nez et à la barbe de l'avant-garde (légion étrangère), le fort de Dap-can, qui commandait la retraite des Chinois et les deux forts qui dominent Bac-ninh du côté du nord-est. Les autres n'ont eu qu'à entrer dans la ville, sans brûler une cartouche. Si quelque chose pouvait me consoler de n'avoir pas été là, ce serait certainement la façon glorieuse dont la division navale y était représentée [1].

Au revoir, Amiral. Jusqu'ici ma santé s'est soutenue ; j'espère que cela continuera. Merci de vos bons souhaits ! Je vous prie d'agréer l'assurance de mes sentiments de respect et d'affection.

A. COURBET.

---

1. Cette réflexion de Courbet rappelle le violent coup de poing sur la table et l'exclamation soldatesque traduisant le premier mouvement de surprise dont le général Millot ne put se défendre, en voyant le pavillon français arboré par les marins sur la tour de Bac-ninh, au moment où il se disposait à se mettre lui-même en marche avec sa deuxième brigade. D'ailleurs, la

Au vice-amiral Ribour.

Bayard, 3 mai 1884.

MON CHER AMIRAL,

Il n'a pas tenu à vous que je fusse fait vice-amiral après la prise de Son-tay ; le compliment que vous m'adressez est une nouvelle occasion de vous remercier d'avoir plaidé la cause de l'absent. Vos suffrages ont trouvé de l'écho dans la marine, dont les témoignages me sont parvenus de toutes parts. Cela ne me console cependant point d'avoir laissé inachevée une campagne

supériorité de Courbet est assez grande pour se passer du relief que lui donne la médiocrité de son successeur. Le dernier ordre du jour du général Millot à ses troupes sera consulté par les écrivains qui, à l'exemple de M. Henri Taine, dans sa *Vie de Napoléon,* voudraient écrire l'histoire du Tonkin par ses petits côtés : « Officiers, sous-officiers, soldats et marins : ... Après vous avoir commandés dans *trois affaires capitales* qui *ont décidé* la conquête du Tonkin, après vous avoir dirigés dans *quarante-sept* combats plus ou moins importants, je vous quitte malade de chagrin, et d'autant plus désolé que nous sommes restés, en face les uns des autres, *sans peur* et *sans reproche,* bien qu'on ait eu le *triste courage* de dénaturer l'affaire de Lang-son.

Au quartier-général, Hanoï, le 1ᵉʳ septembre 1884.

Le général commandant en chef. Signé : Général MILLOT,

si bien commencée; ce que je méritais, par-dessus tout, c'était l'honneur de commander jusqu'au bout. Le gouvernement de la République ne l'a point voulu. Il fallait offrir au général Millot l'occasion d'un bulletin, et l'on a inventé tout exprès un renfort de six mille hommes, dont on chercherait vainement la demande dans ma correspondance. Je me serais contenté de beaucoup moins; je comptais même ne faire appel qu'à la Cochinchine, dont le gouvernement nous a toujours été très dévoué, et au contre-amiral Meyer. Obligé de laisser trois bataillons de garnison à Son-tay, sur les huit qui l'avaient prise, j'avais fait commencer, dès le lendemain, des blockhaus qui permissent de défendre la place avec un seul bataillon. Ce travail devait être terminé vers le 20 février; alors je reconstituais mes huit bataillons avec un bataillon de Cochinchine et le corps de débarquement de la division navale de Chine, et nous marchions sur Bac-ninh. Une colonne de quatre mille quatre cents combattants avait suffi à Son-tay : elle aurait suffi à Bac-ninh. Ces regrets sont superflus, hélas! Une fois de plus la Marine aura semé et la Guerre récolté. Je suis maintenant ici pour le cas de rupture avec le Céleste Empire. Je n'ai garde de m'en plaindre : c'est la seule planche que le général Millot ait laissée à ma portée au milieu du naufrage de mes espérances. Si on avait commencé par là au lendemain de Thuan-an, quand les Célestiaux ont fait entendre leurs premières rodomontades, tout était fini en quinze jours. C'est peut-être le meilleur moyen d'aboutir à une solution sérieuse contre laquelle l'astuce des Extrême-

Orientaux ne se révolte point. Je vous édifierai mieux sur tout cela, quand j'aurai le plaisir de vous revoir.

A bientôt, mon cher Amiral . . . .

. . . .

Bayard, 7 mai 1884.

Les jours de la division navale continuent à se suivre et à se ressembler. N'attendez aujourd'hui rien de plus neuf que ce que vous a appris ma dernière lettre. Décidément, je dois renoncer cette année encore à vous revoir. Je ne sais même trop quand il me sera donné de manger votre pain et votre sel. Ce ne sera pas, je le suppose, du moins, la faute de mon successeur présumé. Quel est-il? Je l'ignore; mais ce que je peux savoir, c'est qu'il doit carillonner à tour de bras rue Royale et rue Saint-Florentin, voler du cabinet au salon, sans obtenir de résultat. On lui répond que la patience est une qualité indispensable pour commander au Tonkin; qu'il est bon d'en prendre l'habitude avant le départ. On doit lui répondre aussi que l'on m'a remplacé à terre, afin de me lancer immédiatement contre les ports de la Chine, en cas de rupture; que l'on me maintient dans ce but jusqu'à la limite d'âge, si c'est nécessaire, car l'époque probable d'un accord définitif échappe aux prévisions des plus malins. La réserve du ministre se comprend : le budget du Tonkin en sera pour un certain nombre de cordons de sonnettes, cela ne le chargera guère plus. Cependant il y a là-haut, dans le

Nord, une impératrice qui paraît avoir de la volonté. Elle vient de donner à son conseil des ministres un coup de manche à balai, digne de Catherine ou d'Élisabeth. Je ne présume pas que ce fût dans un but belliqueux.

D'un autre côté, voici venir M. Patenôtre, un normalien imbu, je le suppose, de toutes les roueries de la diplomatie gréco-romaine, qui apporte un traité de Hué garni à la confiture et une plume de paon artificielle. Il a pour mission d'offrir le traité au jeune roi que la mort prématurée de Hiep-hoa a placé, en novembre dernier, sur le trône de l'Annam. La plume est un spécimen d'articles de Paris, par lequel on veut rendre hommage à la vaillance de l'armée chinoise. Ces cadeaux seront accompagnés de paroles tellement conciliantes, qu'il faudrait ne pas avoir d'entrailles pour les repousser. Le but de la France est atteint, du reste, puisque la zone neutre est consacrée par la limite imposée à la marche de nos troupes.

Aussi je ne me fais pas grande illusion sur les chances qui me restent de tirer encore le moindre coup de canon.

Plus heureuses que leur chef, les compagnies de débarquement de la flotte sont allées à Bac-ninh et s'y sont brillamment conduites. Le rapport du général en chef n'est pas de nature à blesser leur modestie.

CHAPITRE VI

Diplomates et Marins. — **Fou-tchéou et Formose.**

Le gardien du temple de Janus, comme le désigne Courbet, était M. Patenôtre, jeune normalien improvisé diplomate à Athènes. En 1871, il était encore professeur à Alger.

Dans son traité de 1884, il accorda à la cour de Hué la rétrocession des trois provinces gagnées par M. Harmand dans son traité de l'année précédente.

Deux d'entre elles appartenaient au Tonkin.

« Cette rétrocession est un danger. C'est un mouvement de recul, toujours fatal à notre considération et à notre influence dans les pays d'Orient. N'est-il pas à craindre que ces provinces, faisant retour à l'Annam, ne deviennent le théâtre de réactions sanglantes et de persécutions nouvelles[1] ? »

---

1. Mgr FREPPEL. Séance, décembre 1881.

L'orateur ne pouvait mesurer l'étendue et l'horreur des massacres qu'il prophétisait ainsi à si courte échéance.

« Ce traité ne faisait que créer dans l'Annam un foyer de rébellion toujours prêt à menacer le sud du Tonkin, pendant que la Chine ne cessait d'en troubler le nord [1]. »

Au lieu de se préoccuper de ces redoutables éventualités, M. Patenôtre se contente de briser avec éclat le sceau de la suzeraineté, trouvé dans le palais du roi de Hué.

Le traité de 1884 est signé avec le régent Thuong, dont nous retrouvons le nom mêlé à toutes les conspirations et à tous les massacres dirigés contre nous.

Au vice-amiral Gicquel des Touches.

Bayard, 22 juin 1884.

AMIRAL,

Je suis toujours très honoré des témoignages de votre sympathie et de votre estime. Nous touchons au terme de nos différends avec la Chine. La solution,

1. DE LANESSAN. Séance 11 février 1888.

vue d'ici, paraît peu satisfaisante ; je crains surtout qu'elle n'ait aucune chance de durée. La Chine veut bien abandonner les places du Tonkin, qu'elle n'aurait jamais dû occuper, d'où nous aurions pu la chasser déjà ; elle veut bien consentir à nous laisser traiter avec l'Annam comme nous l'entendons, car elle comprend qu'à quelque nouvelle rodomontade sur ce chapitre, nous répondrions immédiatement en ruinant ses ports de guerre et sa marine ; elle veut bien nous permettre des avantages commerciaux, car elle connaît la valeur de ses promesses et le cas qu'elle compte en faire. Elle nous concède même le droit de protéger ses frontières, si elle les trouvait menacées ! Moyennant quoi et pourvu que nous soyons très convenables dans les termes du traité avec l'Annam, elle garde son argent, afin de se préparer d'ici à quelques années, mais mieux que cette fois-ci, à nous lancer des bâtons dans les jambes. Bref, nous sommes vainqueurs sur terre ; sur mer, nous menaçons l'ennemi de l'anéantissement immédiat de vingt-cinq années d'efforts, et de notre situation exceptionnelle nous ne tirons aucun avantage que nous n'ayons acquis à la pointe de l'épée. Nous payons les frais de la guerre, nous rendons hommage à l'attitude conciliante des vaincus.

Ly-hong-chang est décidément un grand homme !

J'ai tout lieu de supposer que mon rappel est imminent. On m'avait conservé pour prendre, le cas échéant d'une rupture, le commandement des deux divisions navales et frapper un coup décisif. Ce n'eût pas été long. Aujourd'hui que le baiser Lamourette est donné, je ne vois pas comment on me trouverait un rôle vraiment utile, à

côté de l'amiral Lespès, qui vient de prendre le commandement des mers de Chine. Dès mon retour en France,
je m'empresserai d'aller vous rendre visite. En attendant,
Amiral, je vous prie de vouloir bien agréer l'expression
de mon respect et de mes sentiments affectueux.

A. COURBET.

Bayard, 27 juin 1881.

Je suis très touché de votre souvenir pour ma pauvre
chère sœur. Grâce à Dieu, sa santé se soutient au delà
de toute espérance ; sa belle-fille et ses petites-filles
parviennent souvent à lui faire oublier son chagrin...

Nous touchons au terme de l'équipée. C'est au moment où le fer est chaud que nous cessons de le battre.
La Chine se pâme d'aise devant la magnanimité de la
France victorieuse. Nous lui laissons son argent : elle
recommencera dans quelques années avec de meilleurs
outils.

Nous capitulons. Est-il permis de terminer avec plus
de légèreté, avec moins de sentiment de l'honneur national, une aventure dont toutes les phases ont témoigné de la maladresse du gouvernement, mais dont la
conclusion aurait pu faire oublier tant de fautes, et
combler tout au moins le vide de nos caisses ? Voilà encore un sujet sur lequel mes amis n'auront pas besoin
de me pousser, quand j'aurai le plaisir de les revoir.

Rien ne paraît nous retenir ici le jour où il n'y aura

plus la chance de tirer un coup de canon maritime ;
or M. Patenôtre, concierge du temple de Janus, vient
déjà de donner un bon tour de clef à Hué, et partait
hier pour Tien-tsin avec son trousseau mythologique.
Comment fera-t-il pour tirer un parti honorable de la
convention du 11 mai ? Nous doutons fort qu'il y par-
vienne...

Pendant que la diplomatie concluait son qua-
trième traité en Annam, elle élaborait en Chine
la convention de Tien-tsin.

Ici, ses procédés étaient plus singuliers. Ce
n'était point à un diplomate de carrière qu'elle
s'adressait. Sans même tenir compte de la présence du contre-amiral Lespès, commandant en
chef de la station navale, c'était un simple capitaine qui entrait en scène ; et c'est avec le vice-
roi Ly-hong-chang, le plus haut fonctionnaire du
Céleste Empire, qu'il avait directement affaire.

— Étrange ! étrange ! disait Hamlet. — Tout
est étrange, en effet, dans cette aventure diplomatique. Selon l'observation de Courbet, l'armée
et la marine devaient en supporter le poids.

Qu'était-ce, en effet, que cette convention de
Tien-tsin ? Un coup de théâtre préparé par le

président du conseil pour la rentrée des Chambres ; un coup de force diplomatique, selon l'expression du négociateur lui-même[1].

A la tribune, on l'a qualifié de monument d'imprévoyance, de légèreté et d'erreur[2].

Comment, en effet, qualifier autrement une convention par laquelle la France s'engage, d'abord, à respecter et à faire respecter les frontières de la Chine et du Tonkin ; ensuite, à n'employer aucune expression pouvant porter ombrage à la dignité du Céleste Empire ; troisièmement enfin, reconnaissante de l'attitude conciliante de la Chine, la France promet de renoncer à toute indemnité de guerre ; et alors, alors seulement, rassurée par de tels engagements, la Chine consent à retirer ses troupes du Tonkin.

Mais c'est donc nous qui sommes les battus ! s'écriait avec indignation Courbet.

Bien que n'ayant que le caractère d'une convention préliminaire, un projet de traité présenté dans de telles conditions mérite qu'on s'y arrête.

1. Séance du 24 novembre 1884.
2. Séances des 25, 27 et 28 novembre 1884.

Le 8 mai, il fut présenté au président du conseil, qui l'approuva et envoya le jour même au commandant Fournier ses pleins pouvoirs pour le signer.

Mais, quelques jours après, on se ravise. Il y a une lacune : l'époque de l'évacuation des troupes chinoises du Tonkin n'y est point mentionnée ; on se hâte de réparer l'oubli. On est au 13 mai. Les plénipotentiaires sont nommés, et l'on télégraphie au commandant Fournier de préciser les dates.

Le 17, il se rend, dans ce but, auprès du viceroi. Ici commence cette scène mimée que le duc de Broglie a rappelée avec sa pointe habituelle d'ironie.

« Le commandant Fournier n'a point d'interprète. La conversation est difficile. Ly-hong-chang se contente d'acquiescer de la tête. Toutefois, et comme réponse à la question des dates, il se réserve d'en remettre la demande au gouvernement de Pékin, à l'heure et au jour qui lui conviendront. »

Dans ces conditions, quoi d'étonnant qu'une pareille convention ait abouti au guet-apens de

Bac-lé? car guet-apens il y a eu. Mais ne l'a-t-on pas préparé, facilité, provoqué, étant données les traditions de la diplomatie chinoise [1]? Le traité de Tien-tsin de 1859 nous avait conduits à l'expédition glorieuse de 1860 ; celui de M. Jules Ferry, violé à Bac-lé, nous a conduits à Fou-tchéou.

Dans les premiers jours de juillet, Courbet, investi du commandement en chef des deux divisions navales de la Chine et du Tonkin, se rendit à Shang-haï. Dans ses conférences avec M. Patenôtre, il n'eut pas de peine à le convaincre qu'en l'état des choses il n'y avait qu'une voie à suivre : déclarer la guerre à la Chine et la frapper immédiatement dans ses positions militaires : Port-Arthur, Nankin, Woo-sung, Fou-tchéou et Amoi. Le coup sera facile. Nous sommes prêts, et les Chinois ne le sont pas encore.

Le 12 juillet, premier ultimatum à la Chine. Il est énergique, il ne comporte qu'une semaine

1. Tout n'a point encore été dit sur le traité Fournier. « La responsabilité est en haut. C'est sur l'ordre impératif du *ministre de la marine* que la colonne est partie. » Comte DE MUN. Séance du 25 novembre 1881.

de réflexion; et, à titre d'indemnité, il implique une somme qui ne s'élève pas à moins de 250 millions.

Le gouvernement chinois ne s'émut pas : il connaissait la puissance des atermoiements. Il ne niait point nos droits à une indemnité; mais elle était trop forte : il demandait du temps pour la discuter.

La limite du premier ultimatum passe. M. Jules Ferry en fixe une seconde au 2 août.

Cette date passe encore, sans réponse précise : nous ne bougeons pas.

L'indemnité, fixée le 12 juillet à 250 millions, le Tsong-li-amen la réduit à trois; et encore il ne l'offre plus comme indemnité, mais simplement comme un secours aux familles des victimes de ce qu'il appelle le *malentendu* de Bac-lé !

C'était ironique.

Que faire?

M. Patenôtre temporise encore : il accorde deux jours de répit.

C'est ici que commence la politique des gages.

Ah! s'écrie M. Jules Ferry, vous ne voulez pas céder à nos justes demandes? Eh bien! vous allez voir. Je donne l'ordre à l'amiral Lespès d'aller au nord de Formose bombarder Ké-lung et prendre possession des mines de charbon.

Est-ce clair?

Ce sera notre premier gage, notre garantie. Triste garantie! car nous débutions par un insuccès.

Courbet n'était pas là.

Où était-il donc, le 7 août, au moment de notre premier échec devant Ké-lung?

Croyant à la parole de la France, au sérieux de ses menaces, à la réalité de son ultimatum [1], Courbet, dès le 13 juillet, avait nettement dessiné sa manœuvre. C'était d'un homme réfléchi et d'un homme d'action. Il fit d'abord explorer la rivière Min par le croiseur *l'Hamelin;* il la remonta ensuite lui-même jusqu'au mouillage de la pagode, avec sa flottille légère : *le Volta, l'Aspic, le Lynx* et *la Vipère.*

Le Bayard était resté devant l'entrée du fleuve; il ne pouvait entrer.

On a accusé Courbet d'être venu en pleine

---

1. Ultimatum du 12 juillet.

paix, sur la foi des traités, prendre une position militaire en face des forts et des vaisseaux chinois.

Ce reproche ne supporte pas l'examen.

Courbet n'est entré dans la rivière Min qu'après l'ultimatum du 12 juillet. C'est fort de cet ultimatum, c'est autorisé et couvert par cette pièce diplomatique, qu'il est entré dans le fleuve, le 14 juillet, d'abord pour exécuter les ordres de son gouvernement, ensuite pour venir au secours de *l'Hamelin*, gravement compromis par la faute de son pilote et par les démonstrations hostiles de l'amiral chinois Chan-peï-loun.

L'amiral Courbet, à son entrée dans la rivière Min, a si peu trompé les Chinois, qu'il a trouvé sur tous leurs navires les équipages aux postes de combat, et sur les deux rives du fleuve toutes les batteries armées, les canons pointés, les hommes à leurs pièces, et l'arsenal de Fou-tchéou gardé par un camp retranché d'environ dix mille hommes.

Ah! s'il est un reproche que l'on puisse adresser à l'amiral Courbet, c'est au contraire, devant les rodomontades de l'amiral chinois, c'est le reproche d'avoir trop patiemment accepté les lenteurs, les faiblesses, les incohérences de notre diplomatie. Les Chinois ne cessaient de mettre à profit ces lenteurs pour accumuler autour de nous leurs moyens de défense. Ils pouvaient, à coup sûr, fermer derrière nous la porte par laquelle nous avions pénétré.

A l'expiration du premier ultimatum, le 19 juillet, et surtout à l'expiration du deuxième, quand Courbet vit les travaux chinois s'accumuler ainsi autour de lui, au plus grand danger de sa flotte et de l'honneur de notre pavillon, n'était-il pas en droit de dire au fameux Chan-peï-loun : « Monsieur le mandarin, pendant que vos plénipotentiaires et les nôtres échangent des notes, moi, pour ma sécurité personnelle, je vous défends de ne rien changer au *statu quo* de vos défenses. Que nos diplomates proposent ou acceptent des délais sans en prévoir les conséquences, c'est leur affaire; moi, j'ai un autre devoir à remplir : celui d'assurer ma défense. A chacun son métier! Ce n'est pas par des notes de diplomates qu'on me tirera de la souricière dans laquelle on veut m'enfermer. »

Et cette souricière était si peu imaginaire, que

l'amiral anglais et le commandant américain, stationnés dans les mêmes eaux, écrivaient chacun de leur côté à Hong-kong : « Les Français n'en sortiront pas. » Un officier, tué devant Tamsui, écrivait à cette date au journal *le Temps : «* Laisser une escadre française sous le canon chinois pendant des semaines entières, est une aventure grosse de conséquences..... Soyez certain que, si nous quittons pacifiquement la rivière, ils se riront de nous, et notre prestige en Indo-Chine n'y gagnera rien; si, d'autre part, nous nous battons, quelques-uns de nos navires ont chance d'y rester, justement parce que nous aurons laissé les Chinois prendre confiance et renforcer tous leurs ouvrages de la rivière Min. »

Aux observations de la cour de Pékin, notre diplomatie ne répondait que par des concessions nouvelles; elle y ajoutait des conseils. M. Patenôtre écrivait encore naïvement, en date du 14 août : « Par le maintien de notre *statu quo* dans la rivière Min, nous voulons vous prouver que si nous sommes toujours prêts à frapper, nous vous offrons en même temps une voie toujours ouverte à la conciliation. »

Ce n'était pas sérieux et encore moins sincère. Sous ces semblants de conciliation, le président du conseil ne cachait qu'un désir, ne poursuivait qu'un but : le vote du parlement. Ce vote favorable ne fut obtenu de la Chambre que dans la séance du 15, et du Sénat, dans celle du lendemain. Ce ne fut qu'à cette époque, **22** août, que Courbet reçut l'autorisation d'agir. On lui permettait enfin de sortir, s'il le pouvait, de la redoutable impasse dans laquelle on l'avait laissé si longtemps et si imprudemment enfermé !

C'était le fruit d'une diplomatie soumise à tous les caprices du parlementarisme.

« Pendant cette longue attente, sur le lieu du combat, à toucher l'ennemi, sous le coup d'une surprise et sous la volée de ses pièces, les esprits les plus calmes étaient devenus anxieux. Les plus réservés avaient fini par se surexciter, et une fiévreuse impatience avait gagné les équipages et les états-majors de cette escadre préoccupée avant tout de l'honneur de son pavillon[1]. »

A son mouillage de la Pagode, l'amiral avait sous

1. Loir.

la main *le Volta,* portant son pavillon ; *le Duguay-Trouin, le Villars, le d'Estaing ;* les canonnières *le Lynx, la Vipère, l'Aspic,* et deux torpilleurs rapides, qui, au moment voulu, devaient fondre chacun sur un navire chinois indiqué d'avance, porter le premier coup, et par leur explosion donner le signal de l'action.

La flotte chinoise se composait de onze bâtiments armés de fort calibre, dont l'artillerie, ainsi que les machines, était en bon état. Elle comptait en outre douze jonques de guerre armées de vieux canons et chargées de troupes prêtes à l'abordage.

Le **22** au soir, conseil de guerre de tous les commandants chez l'amiral Courbet. L'attaque est pour le lendemain. juste le temps de permettre à notre consul de Fou-tchéou d'amener son pavillon et d'en donner avis au vice-roi.

Quant à l'heure, elle reste secrète.

Il suffit d'être prêt. L'heure a son importance : car, deux fois par jour, dans cet étroit passage. sous l'action régulière et opposée du flot et du jusant, les deux flottes ennemies, en *évitant* sur leurs ancres, se présentent alternativement l'une à l'autre, tantôt par l'avant et tantôt par l'arrière, c'est-à-dire, par leur partie la plus forte ou par leur partie la plus faible.

Pour nous, c'est le jusant qui donne l'avantage, l'avantage de nos étraves et de nos éperons.

Dans la rivière Min, le **23** août, le jusant s'établit à une heure.

Les Chinois nous laisseront-ils le temps d'y arriver? ne profiteront-ils pas, au contraire, du moment critique où le changement du courant nous fera leur montrer l'arrière ou le travers?

C'était une chance à courir.

La guerre en est faite. La science du chef consiste à la prévoir.

Le **23**, dès le matin, Courbet, debout, immobile au pied du mât d'artimon du *Volta,* suit avec attention les moindres mouvements. « Selon son habitude, il est ganté, vêtu de blanc, soigné dans sa toilette. Son chapeau de paille porte le nom du *Bayard*[1]. »

A une heure **1/2**, ordre d'appareiller. A peine l'ancre haute, signal d'exécuter le plan.

Les Chinois sont si prêts, qu'ils répondent ins-

____

1. LOIR, ouvrage cité.

tantanément à notre premier coup. Pourquoi ne nous ont-ils pas devancés?

Ce n'est d'abord qu'une explosion soudaine, générale ; puis un roulement prolongé. Il continue pendant vingt-cinq minutes environ. Une épaisse fumée enveloppe les combattants. « On distingue mal amis et ennemis [1]. »

Peu à peu, des deux côtés, le tir se ralentit ; il s'arrête. On attend, on veut voir. Un léger souffle d'ouest dissipe la fumée.

Que va montrer la première éclaircie?

Nos vaisseaux sont debout : ils paraissent intacts ; à peine çà et là quelques éclats de bois, quelques brèches légères. En tête des mâts, flottent les trois couleurs.

Quant aux Chinois, avisos, canonnières, jonques chargées de troupes, croiseurs et grands transports, tout est en dérive, échoué, culbuté, en flamme ou en train de couler.

« Les équipages à l'eau, dans un fouillis de mâts, de cordages, d'épaves où la mitraille a fait d'affreux ravages.

1. Loir, ouvrage cité.

« Le fleuve est couvert de débris. On y voit accrochés les malheureux Chinois, dont la tête seule émerge comme autant de points noirs [1]. »

Le feu reprend à 4 heures. Il répond aux batteries de terre, quand la fumée est un peu dissipée. En aval, on entend les gros canons de *la Triomphante*, qui a pu rejoindre le mouillage au commencement du combat. Son tirant d'eau ne lui permet pas d'arriver jusque devant l'arsenal. Ce sont nos bâtiments légers qui sont chargés de cette destruction. Avec leurs pièces de 14, cette destruction n'est pas aussi complète que Courbet l'eût voulu.

A cette heure, l'ennemi n'a plus de bâtiments à flot. De leurs navires, il ne reste que des débris en flamme, des carènes échouées ou coulées. La mâture seule pointe au-dessus des flots.

Pendant la nuit, des brûlots dérivent au courant ; ils sont lancés sur nous. Il faut les éviter : à chaque instant ils nous obligent à changer de mouillage.

En somme, « bonne journée de début, » écrit

J. Loir.

Courbet dans sa dépêche du lendemain. Vingt-deux navires coulés, cinq commandants, vingt-neuf officiers et deux mille soldats ou marins disparus, quand, de notre côté, nos pertes ne s'élèvent qu'à six morts et vingt-sept blessés.

Il avait rempli sa mission, accompli l'œuvre de représailles dont il était chargé. Bac-lé était vengé. Mieux encore, comme il le dit dans sa lettre du 18 septembre, nous sortions fièrement de la honteuse impasse où les hésitations de nos hommes d'État nous avaient acculés.

Le 25, sa tâche étant finie au mouillage de la Pagode, l'escadre le quitta en bon ordre, en ligne de file, l'amiral en tête. Son pavillon flottait sur *le Duguay-Trouin*.

En défilant au milieu des navires neutres, restés mouillés en aval pendant le combat, il est salué par les hurrahs des Anglais et des Américains. On dit que les Allemands, arrivés la veille du combat, gardèrent le silence.

Hurrah pour les Français!

Hurrah pour l'amiral! Y a-t-il plus noble ivresse, plus légitime orgueil que celui que Courbet éprouva en se voyant ainsi jugé, acclamé sur le champ de bataille, par de vaillants rivaux?

Mais pourquoi ces acclamations ne s'adressaient-elles pas à la France, sur un autre champ de bataille que celui de la rivière Min? Les lauriers de Fou-tchéou ne pouvaient lui faire oublier le souvenir de Metz ou de Sedan[1].

Courbet n'avait eu à combattre que des Asiatiques. Mais, en présence des difficultés dont il avait triomphé, sa gloire n'en était pas moins grande.

Il venait de donner la mesure de sa valeur.

Il allait en donner de nouvelles preuves, pour tirer son escadre du long défilé qu'elle avait à franchir dans des passes étroites, resserrées, tortueuses, sous le feu de batteries rasantes, blindées, casematées, tirant à bout portant.

Audaces fortuna juvat.

Oui, mais à la condition que l'audace, ainsi que chez Courbet, soit doublée de science. « Avec une rare sûreté de coup d'œil, l'amiral découvrit les points de revers des fortifications naturellement construites pour tirer en aval. Autant de-

1. Note D.

vant la Pagode il est audacieux au milieu des navires chinois, autant ici il se montre tacticien prudent, réfléchi, méthodique. Sa clairvoyance est d'ailleurs secondée par une merveilleuse entente des guerres maritimes. Il dirige lui-même la manœuvre des deux vaisseaux de tête, *Duguay-Trouin, Triomphante* ; il les fait stopper, mouiller, ouvrir le feu ; il frappe à coup sûr et à revers, avec une précision toute mathématique. La première embrasure qui se profile à lui reçoit ses premiers coups.

A 200 ou 300 mètres, avec ses grosses pièces, il l'ébranle, l'obstrue, l'éboule, en chasse les servants ; ce résultat atteint, il passe à la suivante. C'est long, mais c'est certain. Il assure, protège, garantit ses vaisseaux et ses hommes.

Radeaux, chaînes, barrages, chapelets de torpilles, batteries cuirassées et forts casematés, tout est battu, brisé, effondré, culbuté. Ce n'est qu'alors qu'il laisse impunément engager sa flottille.

Le 29, il sort, sinon intact, du moins avec tous ses vaisseaux, de la dernière passe. C'est un nouveau triomphe.

Un officier de l'escadre écrivait, après la sortie

de la rivière Min : « On a vaincu, personne n'en doutait ; mais l'opération a été conduite par l'amiral Courbet avec une telle netteté, une telle précision, que nous sommes tous fiers d'obéir à un tel chef. Tout est prévu ; jamais d'à-coup ; toujours des ordres donnés brièvement et exécutés avec un véritable entrain.

« L'amiral obtient de tous le maximum d'effet avec le minimum de travail, et le travail a été énorme [1]. »

Un autre officier dit encore :

« C'est la précieuse conséquence de son grand savoir et de sa surprenante lucidité d'esprit. Avec lui, jamais de contre-ordre, jamais de tâtonnements. S'il entreprend quelque opération, c'est qu'elle peut réussir ; et comme il la conduit lui-même, elle réussit. Combat, bombardement ou fusillade, il dirigeait tout. Quelle que fût l'heure ou l'occasion, on voyait sa silhouette se dessiner à l'arrière du navire portant son pavillon [2]. »

Le croira-t-on ? Quelques-uns des officiers gé-

1. Loir. Voir ouvrage cité.
2. *Ibid.*

néraux qui ont reproché à Courbet d'être entré dans la rivière Min sur la foi des traités, lui ont reproché aussi d'en être sorti en attaquant l'ennemi à revers, par derrière, contrairement à notre caractère, à nos habitudes et à nos traditions. D'après eux, ce n'était pas assez chevaleresque.

Palsambleu ! Messieurs les gardes-françaises, que n'étiez-vous à Fou-tcheou comme à Fontenoy, pour dire aux Célestiaux : « Messieurs les Chinois, commencez ! »

8 août, rivière Min.

C'est dans la rivière Min que m'est parvenue votre lettre du 12 juin ; peu auparavant je faisais à la baie d'Along mes projets de retour en France, où j'espérais arriver avant l'automne. Vous savez depuis longtemps comment cet échafaudage-là s'est écroulé.

A la première nouvelle de la trahison de Lang-son, j'ai pris le commmandement des deux divisions navales de Chine et du Tonkin, avec la conviction que le gouvernement était bien résolu à obtenir réparation et indemnités.

Quelques jours plus tard, je me concertais avec M. Patenôtre. Nous tombâmes immédiatement d'accord sur la nécessité d'une action énergique et prompte. Le cabinet, qui nous avait demandé notre avis, se garda bien de le suivre. Il donna à la Chine huit jours de réflexion, pendant lesquels je vins m'établir avec une partie de mes forces navales devant l'arsenal de Fou-tchéou, au milieu d'une douzaine de bâtiments de guerre et d'autant de jonques de guerre chinoises. J'y suis encore : car ces huit jours ont été suivis de onze autres, suivis eux-mêmes d'un délai infini. On négocie plus que jamais, avec moins d'espoir que jamais.

Vous devinez le rôle que joue notre marine pendant que les diplomates croisent les notes et échangent les pourparlers. Une vieille expérience nous l'a appris, il n'y a qu'une voix que la Chine sache écouter : celle du canon.

Je suis navré, car je sens que notre inaction ruine notre prestige, et je redoute que tout cela n'aboutisse qu'à une reculade honteuse.

Je vous épargnerais toutes ces doléances, si le pénible métier que nous faisons ici, par la volonté de nos maîtres, ne portait une grave atteinte à l'honneur du pavillon. On s'en moque là-haut; mais, dans bien des coins de la France, et le vôtre est un de ces refuges, on le ressent aussi vivement qu'ici.

Île Matsou, 31 août 1884.

MON CHER TIBURCE,

Vous savez depuis longtemps par les télégrammes ce que nous avons fait de beau. Je vous raconterai tout cela au retour; mais, pour le moment, n'ayant qu'une minute à moi, je me contente de vous rassurer moi-même sur le compte de ma santé. De cette semaine de combats, qui a commencé le 23 et s'est terminée hier, il ne me reste pas même une égratignure. Dieu soit loué! car il me protège visiblement. Que je sois fatigué, par exemple, vous le comprendrez, je l'espère; mais, en peu de jours, je serai complètement retapé et prêt à recommencer. Les occasions ne nous manqueront pas...

A M. V. de S.

15 septembre 1884.

Mon cher ami,

Je commence à me remettre de mes grosses fatigues du mois dernier; cependant je sens le poids de mes cinquante-sept ans. Il me tarde de retourner dans le Nord pour retrouver un peu de fraîcheur.

... Vous savez depuis une quinzaine de jours comment nous sommes sortis de la rivière Min : ce sera de l'histoire ancienne quand vous lirez ces quelques lignes. Ce que l'on ignorera encore longtemps, c'est la difficile situation où nous avait placés la politique cauteleuse du cabinet Ferry. Jamais les défaillances de nos hommes d'État ne se sont mieux manifestées que par ces séries successives d'interminables négociations.

Nos bâtiments s'en sont tirés sans avaries bien sérieuses ; bref, je ne prévoyais guère que nous en serions quittes sans plus grands sacrifices. La journée du 23 a été décisive, grâce à Dieu. En voyant leur flottille anéantie, les trois quarts de leurs matelots par le fond, les Chinois ont perdu la tête et n'ont même pas eu le temps de fermer la passe extérieure, quoiqu'ils eussent préparé dans ce but tout ce qu'il fallait, torpilles comprises.

Je ne vous ennuierai pas par des détails sur nos opérations. Votre journal reproduira une partie au moins de mon rapport ; je dis une partie, car j'ai lieu de croire que l'on ne livrera pas à la publicité deux paragraphes où je dis clairement combien tout eût été plus facile et nous eût coûté moins de pertes : d'abord le 20 juillet, terme du premier ultimatum, et même le 1er août, terme du second.

Pendant les vingt jours qui ont suivi cette dernière date, les Chinois ont accompli des prodiges d'activité et doublé leurs moyens de défense. Après l'affaire de Lang-son, il n'y avait qu'à bombarder les ports de la Chine, détruire ses bâtiments de guerre, sans autre forme de procès. Au lieu de cela, on a diplomaté, rediplomaté, rerediplomaté.

En quelles mains sont nos intérêts et notre honneur !

Au vice-amiral Ribour.

Bayard, 18 septembre 1884.

MON CHER AMIRAL,

Les événements de la rivière Min seront déjà loin de nous quand vous recevrez ce petit mot. Je ne vous en parle point : ce que je pourrais vous en dire serait superflu, car je présume que mon rapport aura été inséré au *Journal officiel* et reproduit par les journaux officieux. Nous avons pris notre revanche de la situation déplorable que nous avait faite, vis-à-vis des Anglais, des Américains, des Chinois eux-mêmes, l'interminable série des négociations engagées à la suite de l'affaire de Bac-lé. Cette politique avait fini par ruiner notre prestige : nous avions cessé d'intimider; un peu plus, nous aurions été menacés. La journée du 23 a tout réparé et a même terrorisé les défenseurs des forts de la rivière, à ce point que nous y avons trouvé peu de résistance et que tous les préparatifs faits pour nous boucher la porte ont été inutiles. Dieu sait cependant avec quelle activité la Chine avait utilisé tous ces délais, combien elle avait augmenté ses défenses, pendant que nos plénipotentiaires échangeaient des notes ! Sur ce chapitre-là, je vous en dirai long quand j'aurai le plaisir de vous revoir, car je suis écœuré de la façon dont on mène cette affaire. J'espère pouvoir remonter un de ces jours dans le Nord, où les Chinois ont réuni ce qu'ils ont de mieux comme bâtiments et comme troupes. J'y emporterai un régiment de marche de dix-huit cents hommes. Je crains que ce ne soit pas pour faire quelque chose de sérieux, mais on ne veut pas me donner davantage . . . . .

COURBET.

Courbet passa le mois de septembre devant l'entrée de la rivière Min, pour se réparer, se ravitailler, compléter ses munitions de guerre, et surtout pour se tenir à portée de la station télégraphique établie sur l'îlot de Mat-sou.

En communication constante avec le quai d'Orsay, il ne cessait de demander à aller dans le Nord, à Woo-sung et Port-Arthur, pour compléter l'œuvre si bien commencée à Fou-tchéou. Les lettres qui précèdent ne laissent aucun doute, et ses dépêches officielles sur le même sujet sont d'une clarté écrasante.

Refus constants, formels, réitérés, de la part du ministre. On lui répond, le 1er octobre, par l'ordre d'aller, dans le nord de Formose, réparer l'échec que l'amiral Lespès avait éprouvé à Ké-lung, le 7 du mois d'août.

Courbet ne savait qu'obéir.

Il le fit avec la ponctualité, la conscience et la minutieuse préparation des détails qui sont un gage de succès.

C'était là, on le sait, un des traits distinctifs de son caractère. On ne se lasse pas de le faire remarquer :

« Une fois l'ordre reçu, quel qu'il fût, d'où qu'il vînt, il agissait avec le même entrain, la même conscience, le même enthousiasme, que si cet ordre fût venu de lui. »

Grâce à lui, le premier échec de Ké-lung fut vite réparé.

Quelques coups de *14 centimètres* bien pointés et un combat de mousqueterie d'une heure, vivement mené, ont décidé les Chinois à évacuer les nombreux et importants ouvrages qu'ils avaient élevés dans les environs [1].

Les hauteurs qui dominent la ville et la ville elle-même occupées, l'engagement n'eut lieu qu'au premier plan. Il nous coûtait à peine une

1. Lettre du 21 octobre à l'amiral Ribour.

vingtaine d'hommes, dont cinq ou six tués. Le général chinois évacua pendant la nuit le côté est de l'île, pour se porter sur le versant ouest, dans la baie de Tam-sui, où devait opérer l'amiral Lespès.

Pourquoi les deux attaques ne furent-elles pas simultanées? Elles semblent n'avoir point été concertées d'avance. D'où venait le retard éprouvé par l'amiral Lespès? cet officier général avait-il reçu directement des ordres de Paris? avait-il enfreint ceux de Courbet? Telles sont les questions que l'on a pu se poser. Aucune de ces suppositions n'est réelle. Courbet, en cette circonstance, a voulu laisser à l'amiral Lespès, l'occasion de se relever de son échec devant Ké-lung. Il lui a confié l'opération de Tam-sui, lui en a laissé la direction complète, en toute liberté ; il lui a même donné la compagnie de débarquement du *Bayard*.

Des amis imprudents ont voulu naguère, à ce sujet, intervertir les rôles et les responsabilités. Ils n'ont réussi qu'à mieux démontrer cette vérité : A la guerre il faut être heureux. L'amiral Lespès ne l'était pas.

Le 7 octobre, nos compagnies de marins débarquées à Tam-sui par l'amiral Lespès furent ramenées en désordre. Leur réembarquement nous coûta soixante hommes, dont une douzaine laissés à l'ennemi.

Ce n'était pas le moyen d'amener les Chinois à traiter.

C'était un échec, au lieu d'un premier gage.

Il nous rivait à Ké-lung, nous condamnait au blocus désastreux de Formose. Nous nous trouvions enfermés dans des lignes étroites.

Au point de vue militaire, notre situation y était mauvaise. Chaque jour les Chinois recevaient des renforts. Impossible de nous y opposer. Vu notre singulier état de *non-déclaration de guerre*, le simple blocus des ports ne nous donnait, au large, aucun droit de visite sur les navires neutres.

Au point de vue maritime, notre situation n'était pas meilleure. La saison d'hiver s'annonçait sous de mauvais auspices. La mousson du nord-est venait de commencer. Les ports de Ké-lung et de Tam-sui, ouverts dans cette direction, sont sans abri contre elle.

La houle et le vent s'y engouffrent ; les tempêtes succèdent aux tempêtes. Sous la pluie, dans la brume, dans les profonds sillons d'une mer tourmentée, nos vaisseaux condamnés à un service actif ne peuvent résister qu'en restant sous pression, toujours prêts à marcher, fatiguant leur machine, cassant leurs chaînes, perdant leurs ancres, brisant leur cabestan ; et cependant, durant ce long hiver, pas un sinistre, pas une avarie grave, pas même un échouage ! Courbet, décidément, était partout d'un bonheur étonnant ; nous aimerions mieux dire, d'une prévoyance infinie.

Aux dangers de la mer, aux menaces de l'ennemi, s'ajoutaient pour lui des préoccupations d'un autre ordre, celles des maladies. C'était la conséquence fatale de la situation qu'on lui imposait.

Quand la correspondance intime de Courbet nous montre ses angoisses et les embarras que lui créait un ministre sourd à ses conseils, à ses projets, à ses protestations, on s'est demandé s'il n'eût pas mieux fait d'en sortir par un refus formel : car, en définitive, d'où lui venaient ces ordres ? D'un ministre entêté, d'un cabinet inconscient.

Lui, au contraire, était sur les lieux ; il avait une connaissance profonde des choses de la mer ; il exerçait sur ses hommes un empire absolu, un irrésistible ascendant.

Dès lors, n'aurait-il pas pu dire :

« Les ordres que vous me donnez sont dangereux, funestes, compromettants pour nos navires et nos hommes, pour le succès de l'expédition et l'honneur de notre pavillon : ces ordres-là, je ne les connais pas, je les repousse. Je passe outre ou je... m'en vais ? »

Courbet n'eût-il pas été plus grand ? sa conduite plus digne [1] ?

A Dieu ne plaise ! comme dit Bossuet. Non, nous n'acceptons pas de telles théories. Que dirait-on d'un capitaine de vaisseau qui, en temps de guerre et sous prétexte d'une erreur commise par son chef d'escadre, répondrait par un refus et une démission ?

Le devoir d'un commandant en chef est d'éclairer le ministre sur les dangers auxquels son incompétence l'expose. Mais, si ses conseils sont

1. Note E.

méconnus, il ne lui reste qu'à s'incliner. La discipline est à ce prix. Sans elle, pas de marine, pas d'armée, pas d'ordre social ! Il n'est pas bon d'ériger en principe la conduite de Nelson à Copenhague, ou celle du maréchal Pélissier avant Malakoff [1].

La même correspondance nous signale un autre fait non moins digne d'observation. Courbet nous dit avoir converti à ses idées le ministre de la marine. D'après lui, la résistance qu'il rencontre ne vient que du président du conseil.

Courbet ne serait-il pas ici dans l'erreur ? Si le ministre de la marine eût effectivement partagé ses vues sur une opération dans le Nord, surtout sur les dangers de l'occupation de Formose, pourquoi alors, fort de sa conscience et de son conseil d'amirauté [2], fort surtout des pressantes sollicitations d'un chef tel que Courbet, pourquoi le ministre n'est-il pas venu, les cartes des mers de

1. Le maréchal fit couper les fils du télégraphe la veille de l'assaut.

2. Plusieurs membres du conseil de l'amirauté se sont vainement efforcés à cette époque de faire partager au ministre de la marine les craintes que leur inspirait la position où on laissait Courbet.

Chine à la main, plaider cette cause patriotique et sacrée, devant ses collègues du ministère, devant le président du conseil, devant le président de la république lui-même? S'il était si convaincu, comme le dit Courbet, son devoir était de chercher à convaincre, d'éclairer, de protester, au besoin de démissionner. Il pouvait le faire : il n'était pas devant l'ennemi[1].

S'il en eût été ainsi, sous quelle influence aurait donc agi le président du conseil, pour dédaigner à ce point l'opinion de son ministre de la marine? On a cru, et Courbet le dit dans ses

---

1. Je vais dire quelque chose qui vous étonnera peut-être : dans toute la correspondance officielle ou officieuse, j'ai toujours maintenu l'amiral Courbet dans des limites aussi pacifiques que possible.

Il voulait nous entraîner dans une grande expédition sur terre et sur mer, à Pékin. Il nous demandait l'autorisation d'aller prendre Port-Arthur; mais il nous disait en même temps : Donnez-moi dix mille hommes; et je lui répondais : Comment voulez-vous, Amiral, que je vous donne dix mille hommes? Nous avons déjà vingt mille hommes au Tonkin : cela ne serait pas possible !

Faites à l'ennemi, avec vos bâtiments, tout le mal que vous pourrez; mais rappelez-vous que le but de la France, c'est de garder le Tonkin. Nous ne voulons pas de conquêtes en Chine; nous voulons faire rétablir le traité qu'elle avait signé, et qu'elle a déchiré d'une façon violente. — Sénat. Amiral PEYRON. Séance du 16 juillet 1884.

lettres, que c'était sous l'influence de son plénipotentiaire de Tien-tsin.

Nous ne pouvons le croire. Le parlement avait été trop dur à l'égard de ce diplomate, pour qu'il eût pu conserver si longtemps crédit au quai d'Orsay. Ce n'est point sur lui; c'est sur l'entêtement du ministre superbe, du président du conseil, qu'il faut faire tomber la responsabilité des malheurs de Formose.

Dès lors, qui ne comprend l'indignation de Courbet, ne faisant d'ailleurs que devancer celle du parlement, quand, dans plusieurs de ses lettres, il demande la mise en accusation d'un pareil ministre? Qu'avaient donc fait ceux de la Restauration pour être traduits devant une cour de justice?

Quand l'ignorance, l'entêtement, l'orgueil, conduisent à un tel gaspillage d'hommes et d'argent, ce n'est plus une erreur, ce n'est plus une faute : c'est un crime. L'histoire l'appellera le crime de Formose.

A L. Gal.

Bayard, 21 octobre 1884.

MON CHER GAL,

Votre amical souvenir m'a fait le plus grand plaisir. Mille remerciements ! Je voudrais vous offrir encore quelque belle occasion de me féliciter : un succès même moins grand que celui de la rivière Min, mais beaucoup plus près de Pékin, me paraît indispensable pour en finir une bonne fois avec la Chine. Aussi je déplore que nous ne soyons pas actuellement au Pé-tchi-li, au lieu d'immobiliser à Formose la majeure partie de nos forces navales et les seules troupes dont je dispose. Je ne vois pas encore clairement l'utilité de l'occupation de Ké-lung pour la conclusion du différend. Puisse un avenir prochain m'ouvrir les yeux !

Au revoir, mon cher Gal ! Portez-vous bien, et recevez la nouvelle assurance de mes sentiments affectueux, qui datent de loin.

A. COURBET.

Certes, les termes de cette protestation sont modérés ; mais, pour qui sait lire entre les lignes, qu'ils sont éloquents et décisifs !

Au vice-amiral de Gueydon.

Bayard, 24 octobre 1884.

AMIRAL,

L'autorité dont vous jouissez dans la marine donne
un prix exceptionnel aux félicitations que vous avez
bien voulu m'adresser : je ne pouvais ambitionner de
plus grand honneur que d'être désigné par vous pour
le grade le plus élevé de l'armée. Je voudrais bien avoir
l'occasion de le mériter une autre fois : je l'ai espéré
un moment ; aujourd'hui je crains fort que les jours de
gloire ne soient bien éloignés. L'occupation de Ké-lung
et le blocus de Formose immobilisent le plus clair de
nos forces navales et les seules troupes dont je dispose.
J'en suis désolé !

J'ai la conviction que la fortune nous attend ailleurs ;
mais je n'ai pu la faire partager au gouvernement. Il
fallait agir dans le Nord au lieu de venir ici, etc...

Avec l'expression de ma reconnaissance, veuillez
agréer, Amiral, l'assurance de mon profond respect.

A. COURBET.

Au capitaine de vaisseau de Pina.

Bayard, 31 octobre 1884.

MON CHER DE PINA,

Votre affectueux compliment m'a fait le plus grand plaisir : je viens vous en remercier. Je voudrais bien ne pas m'en tenir là. Il y a une belle opération à faire contre Port-Arthur : nous aurions dû y aller aussitôt ravitaillés. J'ai fait le possible dans ce but ; mais J. Ferry ne songeait qu'à trouver prétexte à de nouvelles négociations. Comme si nous n'avions pas déjà trop négocié ! C'est ainsi que nous sommes venus occuper Ké-lung, et que cette occupation, jointe au blocus de Formose, nous immobilise de la plus déplorable façon. Nous payerons cet aveuglement par l'obligation de faire au printemps une grande expédition.

Au revoir !

Au vice-amiral Gicquel des Touches.

Bayard, 21 octobre 1884.

AMIRAL,

J'ai reçu à peu de jours de date vos deux aimables lettres du 1er et du 31 août. Celle-ci m'apporte vos félicitations : je vous en remercie de tout cœur. Je vous ai

dit souvent quel prix j'attache à vos suffrages ; je me
suis toujours efforcé de les mériter, et je m'estime trop
heureux d'avoir réussi une fois de plus. Je désirerais
bien entrevoir une nouvelle occasion à court délai : je
l'avais espérée en sortant de la rivière Min ; le ministre
avait même adopté mon projet d'opérer dans le Pé-
tchi-li, aussitôt que nos bâtiments seraient ravitaillés.
Cependant nous voici à Ké-lung ! L'occupation de ce
port, contre laquelle j'ai lutté tant que j'ai pu, et le blocus de Formose, nécessité par l'échec de Tam-sui, immobilisent pour longtemps le plus clair de mes forces
navales et les seules troupes dont je dispose. Vainement je cherche à expliquer cette funeste idée. Mouillage médiocre, sans cesse battu par la houle, surtout
pendant la mousson de nord-est ; mauvaise tenue, situation géographique à 900 milles des points où une
action militaire serait efficace, charbon de qualité infé-
rieure : rien n'engage à faire de Ké-lung un centre d'o-
pérations. *Comme gage,* la distance seule de Pékin lui
enlève toute importance. Le Tsung-ly-hamen se soucie
peu que nous soyons loin de Pékin, pourvu que le bruit
de nos canons ne puisse point parvenir aux oreilles de
l'impératrice, ni troubler la quiétude de la cour. Cependant M. Ferry a compté là-dessus pour reprendre les
négociations. Au lendemain de la trahison de Lang-son,
il n'y avait qu'une chose à faire : ouvrir le feu sans
autre forme de procès, en guise de représailles, puisque
représailles il y a. Vous savez ce que l'on a fait à la
place. C'est un aveuglement sans excuse et malheureusement sans terme.

Fatalement, cette politique de faux-fuyants nous conduit ou à un grand déploiement de forces de terre et de mer pour en finir au printemps prochain, ou à une transaction dans laquelle nous laisserons des lambeaux de l'honneur national. Déjà nous avons perdu toute considération aux yeux des résidents étrangers ; depuis longtemps nous avons cessé d'intimider la Chine ; nous avons même éveillé, au sein de cette nation confite dans l'opium, un esprit national que nul ne soupçonnait, et sur lequel s'appuie le parti de la résistance. Un pas de plus en arrière, et c'est nous qui aurons perdu la place.

Voilà la situation, Amiral ! Il n'est point de Français qui puisse l'envisager sans douleur. Avec de la décision dans le cabinet, on aurait frappé quelques bons coups de suite, et tout serait certainement fini. La Chine n'était pas prête au commencement de juillet ; elle avait tout ce qu'il faut pour se défendre, mais rien n'était en place. Depuis, les choses ont changé de face. Avec des millions de bras, soumis à une seule volonté, que ne ferait-on pas ? Moins de difficultés eussent donné moins d'éclat à nos armes, mais les résultats eussent été néanmoins décisifs. Regrets superflus !

Au revoir, Amiral ! Veuillez bien remercier Monsieur votre fils de son bon souvenir. Je vous renouvelle l'assurance de mon respect et de mon affection.

A. COURBET.

Au vice-amiral Ribour.

Bayard, 24 octobre 1884.

MON CHER AMIRAL,

Au commencement d'octobre nous avons occupé Ké-lung. Quelques coups de quatorze centimètres bien pointés et un combat de mousqueterie d'une heure vivement mené ont décidé les Chinois à évacuer les nombreux et importants ouvrages qu'ils avaient élevés aux environs. Si nous avions été aussi heureux à Tamsui, nous pourrions considérer l'occupation comme un fait accompli, sans aucune réserve, et inviter les heureux concessionnaires des mines de charbon à venir installer l'exploitation ; mais ce regrettable échec nous a forcés de déclarer le blocus de la côte de Formose : nous immobilisons donc, dans un coin de la Chine assez indifférent au Tseng-li-hamen, la majeure partie de mes forces navales et mes troupes de débarquement. Le but de l'occupation, à part le côté minier de la question, je ne le vois pas plus aujourd'hui qu'il y a six semaines, quand je la combattais. Je croyais et je crois encore qu'après avoir ravitaillé nos bâtiments à Mat-son, il n'y avait rien de mieux à faire qu'à partir pour le Nord et agir contre Vaï-haï-wey et Port-Arthur, deux points où s'est concentrée la puissance maritime de Ly-hong-chang, et d'où on troublerait fort la quiétude de la cour de Pékin. Autant que je puis être renseigné à cet égard, le ministre partageait mon avis ; et cependant nous sommes venus à Ké-lung. Je soupçonne fort en tout cela la funeste influence du diplomate imprudent qui a signé si légèrement la convention de Tien-tsin. Il paraît avoir conservé en haut lieu, et notamment aux Affaires étrangères, une confiance que nous ne nous expliquons pas ici [1].

Au revoir, Amiral, aux calendes chinoises !

A. COURBET.

Au contre-amiral Dupin de Saint-André.

Bayard, 6 novembre 1881.

. . . .

Après Fou-tchéou, nous étions parés à marcher sur Port-Arthur, objectif tout indiqué. Le ministre de la marine avait accueilli ce projet ; mais le président du conseil a été d'un avis différent : de sorte que nous sommes condamnés à voir l'occupation de Ké-lung et le blocus de Formose paralyser tous nos moyens d'action.

. . . .

A. COURBET.

1. Et en effet, après les trois séances de la Chambre dont nous avons parlé, cette confiance était inexplicable.

22 novembre 1881.

Vous devinez, sans doute, qu'entre les occupations, les préoccupations et les ennuis, il y a peu de place pour la correspondance.

En sortant de la rivière Min, je me plaisais à croire que nous en avions fini avec les subtilités d'avocats, à peine acceptables par une Chambre endormie autour de la tribune, mais hors de mise sur le terrain ; je me figurais que nous allions enfin déclarer la guerre à la Chine, et y appliquer les moyens nécessaires ; et cependant l'état de « représailles » jouit plus que jamais de la faveur du cabinet.

A cet état déjà si déplorable *sans perfectionnement, Jupiter-Ferry* ajoute chaque matin quelque nouvelle entrave. Le maître de nos maîtres paraît n'avoir qu'un souci : *ménager les neutres, ménager la Chine,* dussent nos marins et nos soldats s'escrimer en pure perte. *Il est évidemment atteint de cette démence qui précipite la chute des gouvernements par l'abaissement de la dignité nationale.* Au chemin que nous suivons, nous ne pouvons manquer d'aboutir, soit à la nécessité d'entreprendre une grande expédition au printemps prochain, soit à la honte de *perdre la face,* comme disent les Célestiaux.

La partie était si belle après Fou-tchéou ! Port-Arthur était l'objectif indiqué : c'est là qu'est le nœud de la question...

A. COURBET.

Bayard, 1 décembre 1884.

. . . .

Pour peu que le gouvernement persiste dans la voie
où il est entré, la guerre ne sera certainement pas dangereuse. Il est vrai qu'elle sera *aussi longue qu'inutile.*
L'occupation de Ké-lung et le blocus de Formose n'a-
mèneront jamais la Chine à composition.

Le jour où cette déclaration tombera du haut de la
tribune, quelle mine feront nos honorables, *ces tristes
badauds qui croient à toutes les subtilités de M. Jules Ferry!*
C'EST TRISTE DE VOIR GASPILLER AINSI TEMPS, HOMMES,
ARGENT. POUR LES HOMMES, CE N'EST PAS MOINS VRAI.
Hélas! à bord les santés sont bonnes, mais à terre
notre petit corps expéditionnaire est décimé par le
climat. En deux mois, nous comptons 1/20 de morts,
autant renvoyés en convalescence; et en plus encore,
un tiers de malades ou exempts de service. Bref, il nous
reste les 2/3 à peine de l'effectif primitif, capable de porter les armes.

A. COURBET.

Au vice-amiral Gicquel des Touches.

Bayard, le 6 janvier 1885.

AMIRAL,

Les témoignages d'un officier général qui a emporté
dans sa retraite les regrets, l'estime et le respect de la

marine entière, me soutiennent dans l'accomplissement d'une tâche que chaque jour rend plus pénible. Au lendemain de l'affaire de Lang-son, notre situation vis-à-vis de la Chine était superbe. C'était le vrai moment de l'action. Au lieu de frapper, on a commencé par négocier. Les Chinois ont toujours été nos maîtres en fait de roueries, d'arguments dilatoires, de tout ce dont se compose en un mot le bagage diplomatique; et pendant qu'ils abusaient ainsi de notre crédulité, leurs préparatifs de défense marchaient, marchaient. Après Foutchéou, je me figurais qu'enfin le gouvernement commencerait à y voir plus clair : loin de là! Depuis, nous n'avons cessé de négocier, de négocier sans bases, de négocier en trois ou quatre endroits à la fois, à Londres, à Paris, à Pékin, à Tien-tsin, sans compter les intrigues particulières. Après les représailles, nous avons inventé la théorie des gages, comme si c'était le moment d'une politique défaillante! Que l'un saisisse tout ou partie du territoire de l'ennemi, quand on l'a terrassé et qu'il lui est impossible de réaliser les ressources nécessaires pour payer les frais de la guerre; que l'on vive sur le territoire saisi, que l'on ajoute aux frais de la guerre ceux de l'occupation, etc., tout cela est parfait; mais nous entendons la politique des gages d'une manière toute différente. L'ennemi n'est pas vaincu, et nous payons tout ce que coûte l'occupation, sans la moindre espérance de rentrer dans nos déboursés. Nous avons si bien gaspillé les six derniers mois, que la Chine, désormais décidée à ne se rendre qu'après un échec éclatant qui menace Pékin, nous accule dans cette dou-

-loureuse alternative : entreprendre une grande expédition, terre et mer, au printemps, ou ruiner notre considération dans l'extrême Orient. Voilà ce que nous devons à la manie de négocier sans base, aux demi-mesures, aux représailles, aux blâmes pacifiques, en un mot, à toutes ces subtilités dont l'imagination de M. Ferry est si féconde, et que nos honorables applaudissent avec une niaiserie sans égale ou une complicité bien coupable. Ici nous portons le fardeau de toutes ces fautes, et nous envisageons avec douleur les perspectives de demain. Nous doutons de sortir, à notre honneur, de ce différend, après avoir eu tous les atouts dans la main. Tout ce que je vous dis là, Amiral, je l'ai dit et redit; mes télégrammes en sont pleins. J'ai crié dans le désert. Je suis navré, écœuré. Si Dieu ne foudroye quelque jour nos législateurs, cela peut durer longtemps encore, la France payant, M. Ferry mentant, dépensant en pure perte, faute d'une résolution virile et d'actes à l'appui.

Pardonnez-moi cette bordée, Amiral, et veuillez agréer la nouvelle assurance de mon respect et de mon affection.

Signé : A. COURBET

17 janvier 1885.

Le jeune aspirant X... est enchanté de son sort. Une seule chose peut-être manque à son bonheur : l'occasion de couler la marine chinoise par le fond. Il ne tiendra pas à moi que ce nuage cesse d'obscurcir son firmament. Ses aspirations trouvent de retentissants échos dans la jeunesse qui m'entoure. Que d'ardeurs comprimées, depuis trois mois! que d'élans contenus dont on aurait tiré un si bon parti en suivant une autre direction[1]!

Seul, le président du conseil et ses dociles satellites échappent à cette généreuse contagion, et compromettent dans je ne sais quel intérêt l'honneur de notre pauvre pays.

Et il s'est trouvé à la Chambre une majorité pour contresigner le passé de cette politique et encourager ses funestes tendances!

Nous sommes décidément bien bas.

Vers la fin de novembre, les journaux de Hong-hong enregistraient un télégramme de Londres, d'après lequel nos honorables auraient donné carte blanche et crédit illimité au gouvernement pour trancher le différend dans des conditions conformes à la dignité nationale. Jugez de mon désappointement en apprenant le surlendemain le vote de soixante millions. Rien ne pouvait indiquer plus clairement la perpétuation des expédients, des demi-mesures, de toutes ces subtilités

---

1. « Qui peut dire, d'ailleurs, si cet enthousiasme de la jeunesse qui l'entourait n'était pas le reflet de la généreuse ardeur qui l'animait lui-même? L'élévation d'une grande âme est communicative; les sentiments qui s'agitent en elle, rayonnent au dehors et suscitent les plus nobles traits de courage et de bravoure. C'est là le secret des chefs qui peuvent tout exiger, étant sûrs de pouvoir tout obtenir. Plus que personne Courbet était de ceux-là : l'incarnation du devoir et du dévouement, ces mâles vertus, il les avait inspirées à ceux qui servaient sous ses ordres. »

qui ont cours à la tribune, mais dont nous éprouvons si rudement le contre-coup.

Ce n'est plus de soixante millions qu'il peut être question aujourd'hui ; ce n'est plus d'un ou deux bataillons à Formose, de trois ou quatre au Tonkin.

Une grande expédition (terre et mer) est devenue indispensable pour sortir convenablement, *rien de plus,* du pétrin où nous a mis Jules Ferry. Il faut regagner par la force tout le terrain que ce Machiavel a perdu par la ruse.

Ly-hong-chang doit bien se frotter les mains : que de diplomates il a roulés, à commencer par le président du conseil, dont l'aveuglement survit, paraît-il, à tant de déconvenues !

A. COURBET.

CHAPITRE VII

**Torpilles et droit des gens. — Sheï-poo
et Pescadores.**

La cour de Pékin, au commencement de janvier 1885, était si peu intimidée par notre politique des gages, qu'elle ne cessait d'envoyer des renforts à Formose.

Elle nous y tenait dans des lignes étroites, que nous ne forcions un jour que pour les voir se refermer derrière nous le lendemain. Devant l'immobilité forcée de l'amiral Courbet, les Célestiaux devinrent hardis. Une flotte de cinq croiseurs sortie de Shang-haï devait courir sur nos transports et menacer nos vaisseaux occupés au blocus.

Dès que Courbet eut appris cette sortie imprévue et inespérée, il laissa au colonel Duchesne la garde de Ké-lung, celle de Tam-sui à l'amiral

Lespès, interrompit le blocus du sud, et, prenant à la hâte les navires qu'il avait à sa disposition, *Bayard, Éclaireur, Aspic, Lutin* et *Saône*, il piqua droit sur Mat-son. Rien en vue.

De l'embouchure de la rivière Min, il met le cap au nord, explore le rivage, fouille les baies, traverse les Chusan, passe devant Ning-po, et arrive enfin devant le fleuve Bleu. Rien encore : pas de vaisseaux chinois !

Toutefois, à Shang-haï, quelques indications précises le mettent sur la voie : il revient sur ses pas, calcule la distance, établit sa vitesse, et, naviguant dans la nuit avec une hardiesse inouïe, dans la brume, au milieu des écueils, des courants, il tombe au point du jour, le **14** février, sur la flotte ennemie.

A peine vus, les Chinois se dérobent; ils fuient vers Ning-po, se perdent dans la brume : nos vaisseaux fatigués, surmenés au blocus de Formose, ne peuvent les atteindre. L'ennemi nous gagne de vitesse. Deux d'entre eux cependant se laissent approcher ; ils se réfugient dans la baie de Sheï-poo. L'amiral en fait garder les passes, et, dans la nuit du 15 février, tente de les faire sauter avec deux canots du *Bayard* disposés dans ce but.

L'affaire de Sheï-poo est trop connue pour que nous nous y arrêtions longuement. Le récit en a été fait par le principal acteur, le commandant Gourdon; il est d'un réalisme épique. C'est un fragment d'histoire écrit en style de dépêche.

« Dans la journée du 15, disposé deux canots à vapeur de 9 mètres de long, avec hampe *Desdouits*, torpille 13 kilos, charge fulmicoton, charbon sans fumée. Épreuves d'isolement, de conductibilité terminées, assurées.

« A 11 heures du soir on les arme. D'abord vedette et baleinière avec M. Ravel, lieutenant de vaisseau, qui a vu les bâtiments chinois dans la journée, et le pilote Müller, de Shang-haï. Ce sont nos guides pour nous conduire sur le lieu du combat. — Nouvelle lune. — Nuit obscure : — grande difficulté pour naviguer en peloton.

« Nous nous perdons et nous nous retrouvons plusieurs fois.

« A la sortie de la passe : halte! nous refaisons les épreuves de conductibilité et d'isolement.

Nous poussons la hampe, nous rentrons la hampe. Tout va bien.

« En route pour les bâtiments chinois. La vedette en tête.

« Ravel m'annonce que la frégate n'est plus mouillée au sud-ouest de Tungnum. Elle a disparu.

« Je vais à la découverte. Il est 3 heures 15 du matin environ.

« A 3 heures 30, j'aperçois une grande masse noire dans la direction de Sheï-poo, cinq ou six feux sur le rivage.

« Je mets les trois mâts l'un par l'autre et j'avance lentement, car j'ai un fort courant sur le nez.

« Des feux me suivent à terre. Est-ce un signal? sont-ce des pétards pour la fête du Tet[1]? sont-ce des coups de fusil? Je ne saurais le dire.

« A 200 mètres de la frégate, 3 heures 45 du matin, je fais pousser la hampe et mettre les fils à la pile.

« Puis à toute vitesse !

1. Jour de l'an chinois.

« La frégate s'illumine : tribord et bâbord. Des nappes de feu horizontales, peut-être des nordenfeldts ?

« J'avance rapidement.

« En arrière !

« Un grand choc : la torpille a éclaté. Le canot s'est soulevé et est venu heurter violemment le cul-de-poule de la frégate. Je suis pris dessous.

« En arrière plus vite !

« Le canot ne cule pas.

« La vapeur s'échappe du tiroir : c'est que le robinet graisseur a été cassé. Je fais boucher le trou avec une baïonnette. La machine part en arrière.

« Mais le canot ne cule pas.

« C'est que la hampe est prise.

« Déboulonnez la hampe !

« La hampe, déboulonnée, tombe à la mer.

« L'illumination de la frégate continue.

« J'aperçois dans les feux de bâbord le canot n° 1 qui s'avance. Je stoppe pour venir à son secours, s'il a besoin de moi.

« La corvette et la terre répondent coup pour coup à la frégate. Elles se tirent les unes sur les autres.

« Cependant le canot n° 1 s'avance toujours dans la gerbe de feu. Je le vois toujours à bâbord, parce que je suis dépalé dans l'est. Bientôt il passe à tribord, fait éclater ses torpilles et vient en grand sur tribord.

« Nous nous réunissons. « Quoi de nouveau? — « Un homme tué, et vous? — Pas un blessé. »

« Où est le feu rouge?

« La vedette devait nous hisser un feu rouge en signe de ralliement.

« On ne voit rien.

« Éloignons-nous. Nous partons à toute vitesse, et bientôt nous sommes hors de vue des navires chinois.

« A un moment, on voit deux grandes gerbes de feu sur le *Yu-yen* et le *Tcheng-king*, puis plus rien !

« Nuit profonde.

« Pas de feu rouge !

« Nous stoppons pour tâcher de nous reconnaître.

« Il est 5 heures du matin.

« Au jour, nous apercevons comme une passe dans l'est. Nous nous y engageons. Elle doit

.conduire à la mer. A 10 heures nous sommes hors de la passe, et nous apercevons *la Saône*, commandant Monin. Nous nous dirigeons sur elle, l'un remorquant l'autre.

« Pendant ce temps, qu'était devenu le lieutenant Ravel?

« Après l'explosion des torpillles et le feu des Chinois, il avait hissé le fanal rouge, signal de ralliement. Mais rien en vue!

« Il attend, cherche, attend encore ; à 6 heures, en proie à une vive crainte, il retourne à bord.

« L'amiral écouta en pleurant son rapport. Il ne put se résoudre à perdre tout espoir.

« Il veut lui-même parcourir la rade de Sheï-poo, explorer le rivage, constater deses yeux l'état des bâtiments chinois. *Le Tcheng-King* était bien dans la situation indiquée par M. Ravel ; mais, si la frégate *Yu-Yen* restait toujours droite, ses bas mâts étaient noyés jusqu'à la moitié de leur hauteur au-dessus du pont. Ce bâtiment, lui aussi, était donc coulé et perdu comme son compagnon.

« Le succès était grand ; le triomphe complet. Mais à quel prix!

« Où étaient les acteurs de ce hardi fait d'armes?

Pauvres enfants! Il leur avait donné la veille l'accolade d'adieu; et aujourd'hui perdus, coulés, ensevelis sous ces débris fumants!

« C'était payer trop cher. Le succès n'ôtait rien à la douleur du chef.

« En retournant à bord, Courbet vit de loin un canot qui poussait du *Bayard;* il gouverne sur lui. Qu'est-ce à dire? un canot à vapeur? que lui veut-il?

« C'est Ravel, le fidèle Ravel. D'aussi loin qu'il peut se faire entendre :

« — Sauvés! sauvés! ils sont à bord!

« Et en effet, dès que du pont du *Bayard* on eut aperçu *la Saône,* ayant à sa remorque les deux porte-torpilles, Ravel s'était jeté dans un canot pour courir au-devant de son chef.

« On vit alors cet homme généralement si maître de lui-même, ce chef impassible qu'aucune émotion ne semblait atteindre, se relever brusquement sur son banc, battre des mains, tendre les bras, puis les ouvrir comme pour y appeler, pour y étreindre les glorieux absents, les ressuscités de l'abîme.

« Son visage osseux, pâle, amaigri, s'illumina

soudain, il se transfigura. C'était l'éclat d'une vivante flamme, le reflet d'une âme généreuse qui rayonnait au dehors, dans toute sa beauté. »

L'affaire de Sheï-poo ne se borna pas à ce drame émouvant : elle attira de nouveau l'attention sur l'effet des torpilles. On en avait déjà vu l'application aux États-Unis, pendant la guerre de sécession ; sur le Danube, pendant la guerre turco-russe ; dans l'Amérique du Sud, pendant la guerre péruvo-chilienne. Mais nulle part l'emploi de cette arme nouvelle n'avait été fait avec autant de précision qu'à Fou-tchéou et à Sheï-poo : le résultat en était foudroyant.

Tenait-il à la netteté d'esprit, à la sûreté de coup d'œil, à la science toute particulière que l'amiral avait acquise pendant son commandement de l'école de Boyardville ?

Quoi qu'il en soit, les conditions dans lesquelles le résultat s'était produit avaient frappé l'imagination. Quelques esprits enthousiastes, trop amoureux de toute nouveauté, y virent, pour la marine de l'avenir, un germe de transformation.

Ceci tuera cela, dirent-ils en comparant le torpilleur microbe au cuirassé géant. Ils l'affir-

mèrent dans d'éloquents écrits, mais ne convain-
quirent point les hommes du métier.

Faire reposer sur les torpilleurs notre avenir
naval, constituer une flotte dont il serait l'unique
ou le principal élément, c'est là une erreur grave ;
et il est vraiment à regretter qu'un engouement
irréfléchi pour les engins nouveaux ait fait sus-
pendre la construction de nos cuirassés, avant
même que l'on connût le résultat des expériences
projetées [1].

Une nouvelle école, dont le ministre de la marine, amiral Aube, fut depuis lors le chef, ne se
bornait pas à donner à la torpille l'empire de la
mer ; elle allait jusqu'à lui sacrifier les principes
les plus élémentaires du droit des gens. Sur
cette pente, elle allait loin, jusqu'au bout, jusqu'à
la barbarie.

Pourquoi s'occuper de tactique, quand désormais la guerre d'escadre est rendue impossible ?
L'empire des mers n'est-il pas au torpilleur rapide qui, blotti dans une anse, en sortira soudain

1. Amiral BOURGOIS, *les Ports de la Manche et la Marine
allemande.* Paris, 1887.

pour frapper un grand coup et revenir se cacher derrière son abri?

L'empire des mers est surtout au croiseur rapide qui viendra couper les grandes lignes de navigation du monde, coulant, sans merci, tous les navires rencontrés sur sa route. Il n'aura qu'un but : celui de détruire ; qu'un souci : celui de se cacher pour mieux détruire encore.

Ah! vraiment, pourquoi s'arrêter aux fortifications, quand on a devant soi tant de villes ouvertes ?

Pourquoi attaquer Toulon, quand, sans effort, on peut anéantir Marseille ?

Pour mieux condenser sa pensée sur ce point, le ministre choisit lui-même un exemple du plus saisissant effet :

« La guerre navale sera désormais la guerre industrielle, la guerre de course, sans merci.

« Demain, la guerre éclate; un torpilleur autonome a reconnu un de ces paquebots porteur d'une cargaison plus riche que celle des galions d'Espagne ; l'équipage, les passagers de ce paquebot s'élèvent à plusieurs centaines d'hommes ; le torpilleur ira-t-il signifier au capitaine du pa-

quebot qu'il est là, qu'il le guette, qu'il peut le
couler ?... Le capitaine du paquebot répondrait
par un obus bien pointé, qui enverrait à fond le
torpilleur, son équipage et son chevaleresque capitaine, et tranquillement il poursuivrait sa route,
un moment interrompue. Donc le torpilleur sui-
vra de loin, invisible, le paquebot qu'il aura reconnu ; et, la nuit faite, le plus silencieusement et
le plus tranquillement du monde, il enverra aux
abîmes paquebot, cargaison, équipage, passagers ;
et, l'âme non seulement en repos, mais pleinement satisfaite, le capitaine du torpilleur continuera sa croisière.

« Chaque point de l'Océan verra s'accomplir
de pareilles atrocités... D'autres peuvent protester ; pour nous, nous saluons en elle la sanction supérieure de cette loi du progrès, dans
laquelle nous avons une foi ardente, et dont le
dernier terme sera l'abolition de la guerre [1]. »

Cette doctrine impie, dans laquelle le para-
doxe le dispute au sauvage, a été réfutée avec
autorité par l'amiral Bourgois, non seulement

---

1. Article extrait de l'*Atlas colonial*.

au point de vue technique, mais encore au nom du droit des gens et des lois internationales. Les champions de cette doctrine, rétrograde jusqu'à la barbarie, n'ont point ménagé à Courbet leurs reproches.

« Quel profit », ont-ils dit, « avons-nous donc retiré de la destruction de Fou-tchéou?

Combien plus fécond eût été le rôle de l'escadre de l'amiral Courbet, si, laissant de côté ce port militaire, elle eût pénétré dans le Yang-tsi-kian, pour y brûler tous les ports de commerce qui bordent le fleuve Bleu, sur une étendue de près de cinq cents lieues! »

Voilà bien, dans son application brutale, la guerre sans merci, la guerre rêvée au nom de la paix universelle, par des stratégistes humanitaires.

« Lancer nos escadres dans les grands fleuves de la Chine pour y porter le fer et le feu, pour y couler sur leur passage, sans regarder à la couleur du pavillon, navires à voiles et à vapeur, jonques de guerre et de commerce, riches magasins et pauvres maisons flottantes : telle était la glorieuse mission que les apôtres de la doctrine

nouvelle, de la négation du droit des gens, voulaient confier à nos héroïques marins et à leur
illustre chef [1]. »

Rien, dans la correspondance de Courbet, ne
permet de lui attribuer une semblable idée.

Quand les croiseurs chinois lui échappèrent,
comme il nous le dit lui-même, abrités derrière
le barrage de la rivière de Ning-po, la faiblesse
de ses porte-torpilles, par rapport aux courants,
ne lui permit pas d'y renouveler les exploits de
Sheï-poo.

Ce fut pour lui une déception, sans doute;
mais, en dehors des ports fortifiés et des vaisseaux
de guerre, il n'a jamais songé à tout détruire, à
tout anéantir.

« Courbet, ancien aide de camp de l'amiral
Bouet-Willaumez, avait été élevé à son école de
générosité et de dévouement patriotique. »

Dans son étude sur *la Torpille et le Droit des
gens*, le savant auteur que nous avons cité con-
sacre à ce sujet un souvenir personnel; il date
de notre croisière dans la Baltique. C'était devant

1. Amiral Bourgois, ouv. cité.

Colberg, ancienne place forte et ville hanséatique, aujourd'hui rendez-vous des baigneurs dans la saison d'été.

A la fin d'août 1870, la frégate cuirassée *la Surveillante*, montée par l'amiral Bouet-Willaumez, arriva en vue de cette station et défila en branle-bas de combat, à deux milles de terre.

« Les pièces sont pointées, » dit un témoin oculaire [1]; « on attend le signal, et le feu va s'ouvrir.

« Quoique entourée de fossés et de murs, la ville est sans défense. C'est la saison des eaux : on la dirait en fête.

« Il est midi. L'air est calme, la mer unie, le soleil radieux : les jetées se couvrent de curieux; les terrasses du casino sont garnies de femmes et d'enfants, de vieillards et d'infirmes. Sur tous les édifices flotte la bannière à croix rouge de la convention de Genève. Un mot de l'amiral, et, sans danger pour nous, nos obus peuvent faire de tout cela un monceau de cadavres. »

1. *L'Amiral Bouet-Willaumez et l'Expédition dans la Baltique.* Paris, Plon, 1871.

Ce mot ne fut pas dit. Un tel abus de la force répugnait à l'esprit élevé, à l'âme chevaleresque de l'amiral Bouet-Willaumez. Sans utilité pour nos opérations dans la Baltique, il eût provoqué de sanglantes représailles sur notre territoire envahi, et infligé au pavillon français une tache ineffaçable.

La conduite de l'amiral français ayant été, à cette époque, l'objet de quelques critiques, nous pensons que *le condamner pour sa générosité en cette circonstance, c'était résoudre contre nous une des éternelles questions du droit des gens et des droits de la guerre. C'était donner d'avance gain de cause à n'importe quel amiral anglais, américain, russe, et même prussien (pourquoi pas italien?), qui, amené à tenir pendant quelques heures, sous la volée de ses pièces, le Havre, Nice, Cette ou Marseille, les aurait brûlés, sans merci, au nom du blâme infligé à l'amiral Bouet pour sa générosité devant Colberg* [1].

---

1. *L'Amiral Bouet-Willaumez et l'Expédition dans la Baltique.* Paris, Plon, 1871. Note F.

Bayard, le 18 février 1885.

Cette fois, ce n'est plus de Ké-lung que je vous écris, mais ce n'est pas encore de Pékin. Vous savez que j'ai fait une petite excursion avec quelques bâtiments de l'escadre ; le télégraphe vous a même appris que nos torpilleurs ont coulé une superbe frégate et une magnifique corvette ; trois croiseurs, qui les accompagnaient, nous ont échappé à la faveur de la brume. Je me plais à croire que nous les repincerons. Pour le moment, il faut se contenter de deux victimes.

.   .   .   .

Au vice-amiral Gicquel des Touches.

Bayard, le 22 février 1885.

AMIRAL,

J'avais l'intention de vous écrire par le courrier et je désirais le faire, mais le loisir me manque absolument. Par-dessus le marché, je suis un peu fatigué. Force est de me contenter de vous envoyer l'hectographie de la route suivie par nos canots à vapeur, avant, pendant et après l'attaque de la nuit du 15. Cela vous donnera une idée de ce que nos braves ont accompli avec des embarcations qui filent six nœuds dans des passes où les courants en filent quatre.

Veuillez bien agréer, Amiral, l'expression de mon respect et de mon affection [1].

A. COURBET.

Au vice-amiral de Gueydon.

Bayard, le 22 février 1885.

AMIRAL,

Si le temps ne me manquait absolument, je me ferais un plaisir de vous raconter l'expédition de Sheï-poo; j'y supplée en partie en vous envoyant le croquis de l'itinéraire de nos canots. Ils filaient à peine six nœuds, en remontant dans des passes où le courant en file trois ou quatre, difficultés dont les marins seuls se rendent compte. Que de brillants éléments il y a dans notre jeunesse! Si les premiers n'avaient pas réussi ou avaient succombé, j'aurais trouvé vingt autres armements.

Veuillez agréer, Amiral, etc.

A. COURBET.

---

1. Cette lettre est accompagnée du plan d'attaque des frégate et corvette chinoises, *le Yu-yen* et *le Tchong-king*, dans la nuit du 14 au 15 février 1885, par les canots porte-torpilles du *Bayard*,

Ké-lung, le 23 février 1885.

Je suis à la veille de repartir pour essayer de retrouver les croiseurs chinois qui nous ont échappé à Sheï-poo, et je serai probablement absent au départ du courrier français : c'est pourquoi je prends les devants par la Péninsulaire.

Je n'ai, du reste, à vous apprendre rien de beaucoup plus neuf que ce que vous a dit ma lettre de Mat-son.

Ici, les opérations à terre ont été conduites, pendant mon absence, par un temps abominable : pluie torrentielle, grand vent, rien n'a manqué pour exercer la patience de nos troupes. A la première embellie, on essaiera d'aller de l'avant, mais le succès n'est pas certain. Nous avons devant nous des forces cinq fois plus nombreuses que celles que nous pouvons mettre en ligne, et des ouvrages en terre construits sous la direction d'officiers allemands, anglais ou américains, qui s'y entendent. Il est vrai que nos soldats ont une ardeur et une résistance à la fatigue comme au feu, avec lesquels on ne peut douter de rien.

Bayard, le 15 mars 1885.

Mon cher Tiburce, ce petit mot vous arrive de Port-Taondre, près l'embouchure de la rivière de Ning-po. Il y a une quinzaine, nous avons trouvé remisés, dans cette rivière, derrière un barrage solide, les trois croiseurs qui nous avaient échappé à Sheï-poo ; plus, deux ou trois autres petits bâtiments de guerre chinois. Ne pouvant aller les chercher où ils sont, ne pouvant les canonner qu'à une distance trop grande pour obtenir des résultats sérieux, je les surveille, afin que tout au moins ils ne puissent battre la mer et donner de folles alarmes sur le compte des troupes en route pour le Tonkin. Ce métier manque de charme : aussi vais-je m'y faire remplacer prochainement. En même temps, nous tâchons d'intercepter, à la sortie de Shang-haï, du riz destiné au nord de la Chine....

Dans sa lettre du **17** mai à l'amiral Gicquel, l'amiral Courbet dit encore, sur le même sujet :

J'aurais bien désiré renouveler à Ning-po l'exploit de mes canots à vapeur à Sheï-poo. L'occasion était tentante. C'était le seul moyen d'avoir raison des croiseurs chinois, remisés derrière un barrage inattaquable par nos canons, à moins de 3,500 ou 4,000 mètres. Les amateurs ne manquaient point, je vous en réponds. Tout ce que j'ai d'officiers torpilleurs en escadre, était prêt à marcher. Malheureusement, nos canots à vapeur étaient incapables de remonter les violents courants de la rivière. Déjà ceux de Sheï-poo étaient bien forts pour eux. Ce fut à grand'peine que, partis du bord à minuit, nos braves purent se trouver en position d'attaquer à trois heures du matin. Quand retrouveront-ils l'occasion d'un pareil exploit? C'est un vrai bonheur de constater l'ardeur dont notre jeunesse est animée.

Des cinq vaisseaux de la flotte chinoise, Courbet n'avait pu en atteindre que deux : il les avait torpillés ; les trois plus rapides lui avaient échappé. Nous l'avons dit, c'était une déception.

Pendant sa croisière d'hiver devant la rivière de Ning-po, où il les tenait étroitement bloqués, une dépêche du 24 janvier, du Foreign-Office, lui vint subitement en aide. Elle ouvrait un nouveau champ à son activité, en enjoignant aux agents britanniques « d'appliquer immédiatement aux navires français les prohibitions imposées aux belligérants », c'est-à-dire, leur fermer Hong-kong et Singapour comme ports de ravitaillement.

A merveille ! s'était écrié Courbet. Vous nous traitez en belligérants ; c'est ce que je demande : car alors, et au nom des lois internationales, vous me donnez le droit de visiter et de saisir au large les navires neutres porteurs de munitions de guerre. Or la matière première la plus nécessaire, la plus indispensable à l'existence du peuple chinois, c'est-à-dire, le riz, ne doit-elle pas être considérée, à ce titre, comme munition de guerre ? Le transport s'en fait par mer sur une vaste échelle, à partir de Shang-haï. Ce sont les provinces du Sud qui, par d'innombrables steamers, alimentent le Nord.

En interrompre le cours, c'était agir directement sur la population, l'affamer à courte échéance. Comment la cour de Pékin, sourde au canon de Fou-tchéou, indifférente au blocus de Formose, pourrait-elle, cette fois, ne pas s'émouvoir d'une telle menace?

Le riz, au premier chef, pouvait donc être pris comme contrebande de guerre [1].

Dans le but de rendre le blocus du riz plus profitable que celui de Formose, Courbet, dès la fin de février, avait échelonné ses croiseurs de-

---

1. Le 14 février, M. Jules Ferry écrivait au ministre de la marine : « Devant l'insistance de l'amiral Courbet pour obtenir l'autorisation de saisir le riz sous pavillon neutre, j'ai soumis la question à un nouvel examen, dont le résultat a été qu'aucune règle formelle du droit des gens n'empêche de traiter accidentellement comme contrebande de guerre une denrée dont la privation pourra conduire l'ennemi à composition. La mesure prise par l'amiral Courbet n'était pas du goût des négociants européens : s'ils ne parvinrent pas à la faire rapporter, comme le tenta un instant le cabinet anglais, ils cherchèrent à agir sur le gouvernement chinois pour le forcer à faire cesser, en concluant la paix, un état de choses si préjudiciable à leurs intérêts. » LOIR, ouvrage cité.

puis la rivière de Ning-po jusqu'à l'embouchure du fleuve Bleu.

Il était cependant resté encore sous l'impression de l'opiniâtre résistance des Chinois et du déplorable état hygiénique que nous subissions à Ké-lung : car, à la date du 15 mars il écrivait au ministre :

Puisque vous ne voulez pas me laisser la liberté d'action dans le Nord, puisque vous tenez tant à la politique des gages, eh bien ! soit ! Mais choisissez bien : gage pour gage ! évacuons Formose pour les Pescadores. Au lieu de côtes dangereuses et de mouillages inhospitaliers, prenons possession, pendant qu'il en est temps encore, des incomparables ports de Pong-hou et Ma-kung[1].

Cette fois Courbet fut entendu : au lieu du Nord, on lui permit le Sud.

1. La position géographique des Pescadores est admirable ; elle vaut celle de Hong-kong et lui est même supérieure. Ce qui donne à ces iles une valeur incomparable, c'est le port superbe de Ma-kung, calme en tout temps et d'un accès facile, où les navires du plus gros tonnage peuvent trouver place aisément dans un havre de 875 hectares, profond de 10 mètres. Ma-kung est appelé à devenir le plus beau fleuron de notre couronne coloniale en extrême Orient. En temps de paix, pendant la mousson de nord-est, nos navires y auront un refuge des plus commodes ; et en temps de guerre, ils pourront s'y ravitailler sûrement, facilement, à proximité, mais en dehors de la côte chinoise. — LOIR, ouvrage cité.

Avant d'entreprendre une nouvelle opération, Courbet avait à assurer la garde de la rivière Ning-po, le blocus du riz devant Shang-haï et les bouches du fleuve Bleu.

Il avait en outre à assurer la garde de Ké-lung, de Tam-sui, et enfin le blocus de Formose.

Le 27 mars, dès le jour, l'amiral défilait devant le phare des Pescadores avec les forces dont il disposait : *Bayard, Triomphante, Duchaffaut, d'Estaing, Vipère* et *l'Annamite*, portant un bataillon d'infanterie de marine.

« Dans cette opération, » dit son panégyriste, « on ne sait ce qu'il faut admirer davantage, d'une prévoyance qui ne laisse rien au hasard, d'une direction à laquelle n'échappe aucun détail, ou bien d'un calme et d'une décision si propres à soutenir la confiance d'une poignée de braves combattants à trois mille lieues de la France. »

Nous redirons ici ce que nous avons déjà observé à Fou-tchéou : l'amiral n'avait à combattre que des Asiatiques. Il n'y avait rien de bien glorieux pour la France[1].

1. Note D.

Mais ces Asiatiques avaient eu le temps de se fortifier, de s'aguerrir. Ils étaient six mille, et nous ne pouvions guère leur opposer à terre qu'un millier d'hommes et quelques compagnies de débarquement.

C'était peu ; mais ici encore, par la sagesse et l'habileté de ses combinaisons, par le choix de son point de débarquement, le chef, le grand chef sut, comme on l'a déjà dit, obtenir le maximum d'effet avec un minimum de travail et de sang répandu.

Cinq morts, quinze blessés, c'est tout ce que lui coûta sa nouvelle conquête. L'ennemi avait perdu trois cents tués, autant d'hommes hors de combat. La garnison dispersée avait pu se sauver pendant la nuit dans des jonques, à travers le détroit.

C'est avec un si léger sacrifice d'hommes que Courbet avait conquis les Pescadores.

L'amiral en éprouva une très grande joie. Fatigué de sa longue, pénible et inutile campagne de Formose, très désappointé de n'avoir pu livrer bataille aux croiseurs chinois qui s'étaient réfugiés dans la rivière de Ning-po, il était heureux de recommencer la lutte par un coup d'éclat ; il voyait, dans cette première action, le prélude d'une grande campagne contre la Chine, dans laquelle il pourrait déployer librement ses grandes qualités de marin et d'homme de guerre [1].

Dans les premiers jours qui suivirent l'occupation, Courbet, quoique déjà souffrant, invita les officiers à déjeuner sur la montagne qui domine l'île Poug-hou.

Il s'y rendit à cheval : le trajet était de seize kilomètres environ.

Pendant ces quatre lieues, la musique de l'infanterie légère faisait résonner ses plus retentissantes fanfares ; les soldats, nous raconte un témoin oculaire, avaient dressé sur le passage de l'amiral des arcs de triomphe, et, de distance en distance, ils venaient lui présenter des fleurs et des couronnes.

Le poète a dit :

Avez-vous quelquefois, calme, silencieux,
Monté sur la montagne en présence des cieux ? [2]

1. Loir, ouvrage cité.
2. Victor Hugo, *Orientales*.

Courbet y montait en triomphateur. Là, entouré de ses compagnons d'armes, il leur montrait avec un noble orgueil l'incomparable position stratégique, maritime et commerciale, qu'il venait de conquérir à la France. C'était pour son cœur de soldat la joie qui précède le dernier sacrifice.

Il touchait à ce moment suprême « où, les honneurs de la terre n'ayant plus rien qui puisse égaler le mérite, Dieu seul se réserve de décerner aux hommes des récompenses aussi grandes que leurs œuvres[1]. »

Mais pourquoi, des hauteurs de Pong-hou, Amiral, suivez-vous avec tant d'attention ce point à l'horizon? Il est sombre, n'est-ce pas? C'est peut-être un nuage. Non : c'est une fumée, celle d'un de vos croiseurs qui arrive d'Hong-kong[2]. Il porte vos dépêches, les nouvelles de France; les félicitations de nos hommes d'État, les applaudissements de vos compatriotes. Vous en entendez déjà comme un écho lointain. Vous tressaillez. Non! que votre cœur au contraire s'apprête au sacrifice!

1. Mgr FREPPEL.
2. *Le Roland.* 2 avril.

Ce n'est point l'écho d'une ovation, c'est celui d'un désastre : c'est Lang-son ! Et, comme s'il pouvait y avoir quelque chose de plus triste, le prochain courrier va vous apporter des préliminaires de paix, d'une paix acceptée après une défaite, d'une paix vous ramenant à la convention de Tien-tsin, oubliant vos victoires, ne tenant aucun compte de la flotte de Fou-tchéou, de Sheï-poo et des Pescadores. Ainsi avaient fait, pour notre armée de l'Est, les signataires du traité de Paris.

Mais, abandonner ainsi les Pescadores ! y songe-t-on ? Pour nous, a dit l'amiral de Gueydon devant la commission d'enquête, leur possession est le seul moyen que nous possédions de faire respecter la paix aux Chinois. Mieux vaudrait continuer la guerre, que de renoncer à leur occupation. Aussi explicite, quoique dans d'autres termes, avait été la déclaration de l'amiral Duperré devant la même commission.

« Grand Dieu ! entre quelles mains sommes-nous donc tombés ! »

C'est le premier cri de Courbet dans ses lettres. N'avait-il pas raison ?

« J'ai les preuves », a dit un diplomate, « que,

si nous avions attendu un succès pour répondre aux avances de la Chine, nous aurions imposé les conditions au lieu de les subir[1]. »

Mais ce succès n'était-il donc pas dans la conquête des Pescadores ? Que voulait-on de plus ?

« La Chine n'a cédé que devant le blocus du riz. On aurait tout obtenu du gouvernement de Pékin en prolongeant les hostilités, car en Chine tout le monde désirait la paix : l'impératrice, le prince Chun, Ly-hong-chang, jusqu'au marquis de Tseng[2]. »

Il faut être juste envers tous :

Il y a quelque raison de croire que si M. Jules Ferry, malgré ses grandes fautes, n'avait pas été précipité du pouvoir par la foudroyante dépêche du général Brière, il eût peut-être, dans les négociations de paix qu'il avait d'ailleurs lui-même entamées, il eût peut-être conservé à la France son joyau des Pescadores. Mais, sous le ministère Brisson et Freycinet, la main qui le lâcha fut celle qui avait signé notre fuite d'Égypte, la même qui devait bientôt signer notre traité avec Mada-

1. M. Patenotre.
2. M. Jules Ferry. Interwiew du *Figaro*, 25 juin 1885.

gascar. En somme, qu'avait donc retiré la France de cette belle escadre de trente-quatre bâtiments de guerre si vaillamment montée et si habilement conduite ? Comment nos gouvernants avaient-ils tiré parti de ces moyens d'action ? Croient-ils vraiment, avec le traité de Tien-tsin, avoir sauvé l'honneur du pavillon, même aux yeux des Chinois ?

Courbet ne put résister à ce coup : il dépassait ses forces. On croit qu'il a été emporté par une fièvre algide. Erreur !

On a dit de son ancien chef, l'amiral Bouet-Willaumez, qu'à son retour de la Baltique il était mort du deuil de la patrie. Avec la même raison l'on peut dire que Courbet est mort des douleurs de la paix ; d'une paix hâtive, irréfléchie, qui, sans nécessité, sans urgence, au mépris de glorieux faits d'armes, a oublié ses succès, méconnu ses services, répudié ses conquêtes : en toute vérité, Courbet est mort du deuil de ses victoires.

CHAPITRE VIII

Paix douloureuse.

Bayard, 17 avril 1885.

Mes lignes sont comptées ; le docteur me met à la ration de correspondance : vous ne serez pas surpris de recevoir seulement un mot au lieu de deux qui vous parviennent régulièrement. Durant neuf mois j'avais accumulé une telle quantité de mauvaise humeur, qu'une explosion a eu lieu. Foie et ventre se sont fâchés en même temps. Durant quarante-huit heures je n'ai pas été leur maître ; aujourd'hui encore je suis sous la surveillance de la Faculté, et cela durera sans doute une huitaine ; mais le mieux est acquis, il ne s'agit plus désormais que de le maintenir. Voilà ce que je tenais à vous dire, pour vous mettre en garde contre les bruits des journaux, puisque les journaux veulent bien se préoccuper de ma santé.

Bayard, 6 mai 1885.

(Reçue le 20 juin par le destinataire.)

Mon cher E...,

Je mène une vie si tourmentée, que mes relations même de famille en souffrent ; tu dois t'en apercevoir par le retard que j'ai mis à répondre à tes deux aimables lettres de décembre et de janvier.

Voici la paix, une paix dont la dignité nationale aura certainement à gémir. Il en sera de même tant que les avocats se mêleront de conduire les opérations de guerre, tant que nos maîtres subordonneront tout au succès de la bataille électorale.

Et dire qu'on ne fourrera pas J. Ferry en accusation, qu'on ne l'enverra pas finir ses jours en Suisse, sous la surveillance d'une congrégation expulsée !

Au revoir, mon cher E..., à bientôt, suivant toutes probabilités : car, avec la paix, je ne vois guère ce qu'il y aurait à faire pour moi dans ce monde-ci. En France, au contraire, je me réparerai, et je commence à en avoir grand besoin. Ne m'oublie pas auprès de... [1].

A. COURBET.

1. Publiée par *l'Avenir de Seine-et-Oise.*

Au vice-amiral Peyron.

Bayard, 7 mai 1885.

MON CHER AMIRAL,

J'aurais dû, j'aurais voulu vous écrire par l'avant-dernier courrier ou par le dernier ; une grosse indisposition m'en a empêché. Le 12 avril, révolte générale de l'estomac, des entrailles, du foie. Doué[1] ne parlait de rien moins que de me renvoyer à ma famille par le plus prochain paquebot. J'ai tempéré cet affectueux élan, et je profite de l'armistice pour me remettre. Je vais mieux ; cependant je suis toujours au régime, même de correspondance, et je commence à croire que je ne me remettrai point complètement sous la zone torride.

Mais ce n'est point pour vous parler de mes petites misères que je vous écris. Je tiens à vous remercier tout particulièrement de la bienveillance avec laquelle vous avez accueilli mes propositions en faveur de ceux qui servent sous mes ordres avec tant de dévouement. La satisfaction de voir récompenser les mérites que je vous ai signalés, m'a consolé de mille ennuis ; ces encouragements ont aidé tout mon monde, officiers, soldats et marins, dans l'accomplissement d'une tâche ingrate, qui exigeait toutes les qualités viriles, depuis la

1. Médecin en chef du *Bayard.*

résignation jusqu'au courage le plus ardent. Je vous remercie de tout mon cœur.

Si les derniers événements de Lang-son m'ont bouleversé, vous le devinez. Cette triste nouvelle, parvenue ici trois ou quatre jours après la prise des Pescadores, a causé la plus pénible impression à tous les étages de la hiérarchie, et grandement atténué la joie de notre récent succès.

Bayard, 11 mai 1885.

Cette fois je ne suis pas bourrelé de remords : j'ai la chance de pouvoir répondre assez exactement à votre lettre du 29 mars. Vous venez de subir les rigueurs de ventôse, et sembliez redouter les caprices de germinal. J'espère cependant que le retour de la belle saison vous aura causé d'agréables surprises. Quant à moi, je me berce de plus en plus de l'espoir d'un prochain retour : le gouvernement s'acharne à faire une paix douloureuse, au lieu de continuer les hostilités avec vigueur. Je lui en laisse l'odieuse responsabilité ; trop heureux qu'à travers ces machinations, armée et marine aient sauvé l'honneur de leur drapeau.

Au capitaine de vaisseau de Pina.

Bayard, 15 mai 1885.

MON CHER AMI,

En échange et reconnaissance de vos bons souhaits, je vous prie d'agréer tous les miens. Tardifs ils sont ; mais, vous le devinez, en matière de correspondance, comme à bien d'autres égards, du reste, il y a ici très loin de la coupe aux lèvres. Nous voici au bord du fossé. Un de ces jours, nous allons apprendre à quelles conditions la magnanimité de la Chine nous accorde la paix. C'est le bouquet. C'est le trophée des négociations sans bases, des demi-mesures, des expédients, des représailles, de la politique des gages, enfin de tout ce que l'imagination féconde de J. Ferry avait semé d'obstacles sur notre chemin, en vue de la prochaine bataille électorale, dont le succès lui tient tant au cœur.

Rien de plus triste que de terminer par un traité humiliant une lutte si brillamment commencée et après avoir eu tant d'atouts en main. Le peuple français doit être fier de ce que peuvent faire en son nom les polichinelles qu'il s'est donnés pour maîtres.

Puisque vous vous proposez de passer cet hiver à Toulon, je ne perds pas l'espoir de vous y rencontrer.

Bayard, 17 mai 1885.

Nous attendons toujours l'issue des négociations ; quel qu'en soit le résultat final, il serait bon qu'on se pressât de l'obtenir, car notre corps de Formose continue d'être maltraité par le climat. Avec les Chinois, je le sais, il est plus difficile d'aller vite que d'être mis dedans. Mais on l'est tout de même en allant lentement. En traitant dans d'aussi déplorables conditions, d'ailleurs, que pouvons-nous espérer de bon ? Nous avons sollicité la paix ; la magnanimité du Céleste Empire nous l'accorde : ne soyons pas difficiles sur les détails. O suffrage universel !

Au vice-amiral Gicquel des Touches.

Bayard, le 17 mai 1885. — (Reçue le 30 juin.)

Amiral,

La dernière fois que vous avez bien voulu m'écrire, nous pouvions espérer que nos succès, sur terre comme sur mer, nous permettraient de sortir cahin-caha de l'impasse où nous avait fourrés la politique tortueuse de Ferry. — La retraite de Lang-son, quelle qu'en soit la cause, est venue depuis embrouiller encore nos affaires. Nous traitons néanmoins, nous poursuivons quand même les négociations entamées sous d'autres auspices, et cela pour replâtrer la convention de Tien-tsin, qui ne valait déjà pas grand'chose, où les embûches fourmillent, où les sources de conflit foisonnent. Bref, je redoute une paix douloureuse pour l'honneur de notre pauvre pays ; nous l'avons sollicitée, on veut bien nous l'accorder ; nous ne pouvons vraiment en attendre rien de bon. C'est le trophée des représailles, des blocus pacifiques, de toutes ces débauches d'un esprit préoccupé avant tout du succès de la bataille électorale qui va se livrer prochainement. Si les conservateurs ne se réveillent pas du coup, si leur torpeur résiste à cette dure leçon, s'ils ne regagnent pas le terrain perdu dans ces dernières années, c'est qu'il faut désespérer d'eux. J'attends l'épreuve sans une bien grande confiance, je vous l'avoue. Cette fois cependant, il ne s'agit plus de savoir à quelle sauce la victime sera mangée; c'est le sort de celle-ci qui va se décider.

Vous me témoignez tellement d'intérêt et d'amitié, Amiral, que je me reprocherais de ne pas vous parler aujourd'hui de ma santé. Le 12 du mois dernier, révolte générale de l'estomac et de ses annexes. Quarante-huit heures après, j'étais paré, mais au régime, un régime dont je serais ingrat de me plaindre, car je vais aujourd'hui tout à fait bien; je me retrouve paré à toute éventualité. L'éventualité de la guerre n'est malheureusement pas à prévoir. Je présume donc que, dans quelques mois, je rentrerai en France et que j'aurai alors le loisir de me rétablir définitivement.

Je me plais à croire, Amiral, que votre santé est toujours bonne et que celles de vos enfants le sont également. Je ne saurais trop vous dire combien je suis flatté de la sympathie que vous m'avez montrée pendant toute cette campagne. Je vous prie de vouloir bien agréer l'hommage de mon profond respect et de ma vive affection.

A. COURBET

La paix, que Courbet jugeait douloureuse, était qualifiée à la Chambre de « paix équivoque et menteuse, de mauvaise paix[1] ».

On y retrouvait toujours la même équivoque, à propos de la suzeraineté de la Chine sur l'Annam[2].

Dès lors, qu'importait donc à M. Patenôtre de briser avec tant de solennité à Hué le sceau matériel de cette suzeraineté? Mais ce qui est plus grave à nos yeux, c'est que dans ce traité il n'est pas dit un mot des chrétiens, pas un mot des missionnaires; par suite, pas un mot de notre protectorat religieux dans l'extrême Orient.

Notre diplomatie ne semble pas même en avoir soupçonné l'importance.

Dès 1844 pourtant, M. Guizot, tout protestant qu'il était, mais observateur des traditions françaises, prescrivait à notre ambassadeur M. de Lagrenée, d'étendre à l'immense empire chinois les droits de protection que la France exerce, sans distinction de nationalité, sur tous les catholiques de l'Orient.

Nous n'avons point à rappeler ici le rôle que

1. Discours de M. CLÉMENCEAU.
2. Article 2 du traité.

les jésuites ont joué en Chine dans les deux siècles précédents : il est assez connu. Entre leurs mains, la science n'était qu'un instrument pour arriver à l'apostolat ; noble instrument, on en conviendra, qu'ils ne négligent pas aujourd'hui : leur florissant collège de Shang-haï et leur célèbre observatoire de Si-ka-way en font foi [1].

1. C'est d'eux qu'on a pu dire : « L'orage, qui n'en éteint pas le foyer, en ravive la flamme. Quand le vent de la tempête les disperse, c'est pour la semence. Ils sont partis de nouveau pour les missions chinoises, leur ancien empire ; ils y suivent les traces de leurs devanciers.

« Il faut montrer au peuple chinois, à ce peuple matérialiste et sensuel, que la recherche de la vérité est encore le plus grand intérêt de cette vie. Il faut lui montrer des hommes complètement détachés de tout ce qu'il est habitué à poursuivre ; de ces hommes comme les temps évangéliques en ont vu, indifférents aux honneurs, insensibles aux jouissances matérielles, ne comptant pour rien les privations et le danger. De tels hommes sont rares ; mais Dieu en suscite pourtant. Voyez nos missionnaires. »

Amiral JURIEN DE LA GRAVIÈRE, *Campagne de la Bayonnaise.*

« L'Église, et surtout la Compagnie de Jésus, était une armée enflammée du zèle de Dieu, impatiente d'étendre son empire, aspirant, elle aussi, à l'universelle domination. Passionnés pour la conquête des âmes, assoiffés de martyre, les missionnaires espagnols affrontaient les dangers avec la même intrépidité que les marins et les soldats, emportés par le même souffle héroïque. Les supérieurs de la Compagnie avaient peine à modérer le zèle de leurs ardents acolytes, qui tous brûlaient du désir d'illustrer leurs noms et de conquérir une place dans le martyrologe déjà long du seizième siècle. »

DE VARIGNY, ouvrage cité.

7*

A la paisible et féconde période de leur apostolat scientifique et religieux, inauguré sous les
grands empereurs de la dynastie actuelle, a succédé, au commencement de ce siècle, une ère de
persécution qui s'est prolongée, comme nous venons de le dire, jusqu'au traité de 1844, signé à
Wampoa, sous le ministère Guizot, par notre
ambassadeur M. de Lagrenée.

La guerre heureuse de 1860 en compléta l'effet :
elle permit à notre négociateur, le baron Gros,
d'imposer à la Chine des conditions favorables
au pacifique développement des missions chrétiennes. Ce fut le commencement de leur nouvelle expansion. Si notre protectorat religieux ne
se trouve positivement formulé dans aucun traité,
il résulte de la nature même des choses ; il est
d'ailleurs implicitement compris dans le traité de
Tien-tsin (1858), complété par la convention ad-
ditionnelle de 1860.

« Ces traités », dit le comte de Moustier, « ac-
cordent aux missionnaires le droit de résider en
Chine, et d'y fonder des établissements ; ils con-
cèdent aux chrétiens chinois l'exercice public de
leur culte. »

En étendant le bénéfice de ces avantages à tous les religieux, qu'il traite comme ses nationaux, le gouvernement français ne fait que continuer les traditions séculaires de notre histoire.

Mais, à propos du respect de nos traditions en Orient, c'est une folie de croire qu'on peut impunément traquer à l'intérieur les mêmes hommes auxquels on demande des services à l'extérieur.

« Les fautes commises dans les affaires religieuses s'étendent par delà nos frontières. L'Allemagne nous a enlevé la suprématie des armes ; l'Angleterre, celle du commerce : il ne nous reste que celle de l'apostolat. Elle s'adresse aux âmes. C'est la plus durable. A de rares exceptions près, les missionnaires sont seuls à pénétrer dans l'intérieur, seuls à y représenter la civilisation européenne ; et, par nos missionnaires, le nom de chrétien y est encore synonyme de celui de Français, comme en Orient.

« C'est sous nos auspices que s'avance jusqu'aux extrémités du monde la plus belle des armées : l'armée des missionnaires et des sœurs de Charité [1] ! »

1. *Revue des Deux Mondes,* 15 décembre 1886. « Elles riraient « bien, les bonnes et simples filles, si on leur disait qu'elles font

C'est que ce titre de fille aînée de l'Église, conquis aux croisades, *Christ's soldier*, comme disait Shakespeare, n'est pas seulement un titre historique, c'est encore une réalité ; réalité qui a ses charges et ses obligations, mais aussi ses privilèges et ses immunités.

Un camarade d'école de Courbet, le lieutenant de vaisseau Clerc, qui devait tomber à la Roquette sous les balles des communards, écrivait en 1856, pendant une campagne en Chine sur *le Cassini* : « Je crains que l'on ne donne à notre expédition un air trop diplomatique. Je préférerais marcher plus carrément et dire tout bêtement que nous allons secourir les jésuites. Il est vrai que, pour la France, la diplomatie et la protection de la religion catholique sont, pour ceux qui ont un peu vu le monde, une seule et même chose[1]. »

De tout temps, en effet, la France a mis au service de l'expansion chrétienne sa diplomatie et au besoin son épée[2].

« des conquêtes pour la France ; elles en font cependant, et elles « font durer celles que nous faisons. « (JULES SIMON).

1. *Alexis Clerc, marin, jésuite et otage de la Commune*, par CH. DANIEL. 5ᵉ édition. Paris, 1886.

2. Note G.

« Voilà ce que la France a de tout temps compris : et la France des Croisades, et celle des religions d'État, et celle du Concordat.

« Toute conquête religieuse était conquête nationale, et c'est pour cela qu'elle prenait sous sa protection, non seulement ses missionnaires, mais encore les missionnaires étrangers ; et plus encore, elle demandait et obtenait, des souverains infidèles, le droit de protéger, contre eux-mêmes, leurs propres sujets devenus chrétiens [1]. »

Ce n'est pas seulement de la force des choses, mais de la nature et du caractère de nos traditions, qu'est né et que se maintient en Chine le protectorat religieux, qui non seulement n'a pas été entamé par nos dernières humiliations, mais pas même encore par notre guerre du Tonkin.

Ce protectorat est une des sources les plus importantes de notre influence. Comment y renoncer, quand on s'occupe tant d'expansion et de politique coloniale ?

« L'Angleterre envoie à l'assaut de la Chine une légion de négociants laborieux, audacieux,

______

1. LAMY, *Revue des Deux Mondes,* 15 janvier 1887.

patients et doués d'un admirable esprit d'entreprise. Notre colonie française y est infime, et la majeure partie de notre commerce est faite par des étrangers. Heureusement les missionnaires! Si nous ne les avions pas, nous ne tiendrions pas plus de place en Chine qu'une nation européenne de dernier ordre. Grâce à eux, notre action est puissante, et notre nom connu jusqu'aux extrémités de cet immense empire [1]. »

Les affaires religieuses en Chine, loin de nuire à la France, la servent.

« La Mandchourie, la Tartarie, le Turkestan chinois, et sept cents missionnaires, dont dépend la foule toujours croissante des chrétiens indigènes, c'est là une clientèle à laquelle il serait triste de renoncer. Le jour où nous la perdrons, marquera la déchéance du nom français dans l'extrême Orient. L'abandon de notre protectorat en Chine entraînerait fatalement l'abandon de notre protectorat en Turquie, en Syrie et en Égypte. Comment garder à Beyrouth, à Jérusalem, ce que nous perdons à Pékin [2]?

1. *Missions catholiques en Chine* (*Revue des Deux Mondes*, décembre 1886).
2. *Revue des Deux Mondes*, ibid.

Que nous allions en Chine, en Corée, au Japon, aussi bien qu'en Syrie et dans la Tripolitaine, partout nous trouvons ces établissements placés à nos avant-postes, hissant le drapeau de la patrie française; et dans beaucoup d'endroits nous ne sommes connus que par eux!

Peut-être l'intérêt de la civilisation n'aurait-il point à souffrir, si l'avenir de nos missions chrétiennes venait à être mis en péril par une loi imprudente : car nous savons bien que les Allemands sont là, que les Anglais sont là, que les Italiens sont là, prêts à prendre la place vide et à s'emparer des postes que nous aurions abandonnés; mais ce ne serait plus le drapeau de la France, et, partout où nous serions supplantés, ne serait-ce pas comme une défaite morale que nous aurions la douleur d'enregistrer[1]?

Avant nos désastres, nous ne trouvions en Chine que deux puissances rivales : l'Angleterre, par son commerce; la Russie, par ses frontières. Aujourd'hui, nous y rencontrons l'Allemagne, l'Autriche, l'Espagne et l'Italie. De là, l'origine

1. TRARIEUX. Sénat, 6 juillet 1888.

de nouveaux conflits ; de là, la cause bien naturelle, quoique imprévue, des intrigues romano-chinoises, qui sont venues jeter tout à coup un nouveau trouble dans la marche de notre diplomatie.

Pouvait-il en être autrement, quand la question si importante de notre protectorat religieux n'est pas même effleurée dans ce traité de paix que Courbet appelle humiliant, et dont il nous pronostique les conséquences avec une éloquente amertume.

Ce silence à propos de l'influence que nous exerçons sur les catholiques de l'Orient a ouvert la porte à nos rivaux ; il a laissé le champ libre à leurs convoitises. Pour combattre notre influence, il leur suffisait de mettre de leur côté l'action puissante du Saint-Siège. Ils n'y ont pas manqué : tous leurs efforts ont tendu à un but unique, celui de passer par-dessus notre tête, pour nouer des relations directes entre Rome et Pékin.

Le Pape hésita tout d'abord. Comment ne l'eût-il pas fait ? comment rester maître de soi, même quand on est Léon XIII, devant les persécutions et les massacres provoqués par notre conduite au

Tonkin, et aussi devant la politique aussi agressive qu'antireligieuse des hommes qui nous gouvernent ?

N'est-il pas trop exact, ce tableau tracé d'une main vigoureuse, par un écrivain qui les a bien connus ? « Nos hommes d'État, pour la plupart, tiennent la religion pour funeste ; ils haïssent l'Église. Cette haine est leur foi ; elle est leur vertu, leur gloire, leur profession, leur plaisir ; on dirait, pour plusieurs, l'unique titre à leur mandat [1]. »

Pour rester impassible devant de telles dispositions, quelle vertu n'a-t-il pas fallu à Léon XIII, qui venait d'amener un rapprochement entre le Saint-Siège et les deux premières puissances protestantes de l'Europe ? Il a donné la preuve d'une modération extrême en résistant à la tentation, à l'attrait, au prestige de traiter directement avec le chef d'un empire de quatre cent millions d'âmes. À tous les motifs qui l'éloignaient de nous, le Pape a résisté. Il n'a pu détourner son regard de la France. Malgré ses infidélités, il lui a gardé

1. Lamy, *Revue des Deux Mondes*, janvier 1887.

son rôle, son rang, son titre : pour lui, c'est toujours la fille aînée de l'Église[1].

Dans un acte de souveraine sagesse, il a décidé qu'à l'avenir, comme dans le passé, toutes les fois qu'il s'agirait de protéger les chrétiens dans l'extrême Orient, ces chrétiens fussent-ils Français, Européens ou indigènes, c'est l'intervention de la France qu'il faudrait invoquer ; c'est au ministre de France qu'il faudrait faire appel, ce ministre, hélas ! fût-il Constans en Chine ou Paul Bert au Tonkin.

1. « La politique du Vatican a toujours exclusivement été favorable à la France dans tout l'Orient. » DESCHANEL, discours à la Chambre, 1er mars 1888.

CHAPITRE IX

Courbet et Paul Bert au Tonkin.

Bayard, 15 mai 1885.

Je suis très reconnaissant de l'intérêt que vous prenez à nos chers blessés et à nos pauvres malades. Soyez mon interprète auprès de X... et de Y... Je les remercie de tout mon cœur de leur généreuse pensée. Que ne pouvez-vous voir, aux ambulances, ces vaillants hommes ! Ce sont des prodiges de résignation ; leur bravoure devant l'ennemi est seule comparable à leur moral. Et c'est avec de pareils éléments de succès que nous aboutissons à une paix conclue dans les plus déplorables conditions ! Ce replâtrage de la convention de Tien-tsin ne me dit rien qui vaille : les embûches fourmillent ; il y a plus d'échappatoires qu'il n'en faut pour permettre aux Chinois d'y puiser des sources de conflit. Il me tarde de savoir ce que cet infortuné P... aura pu régler de pratique, pressé d'un côté par le gouvernement, qui veut en finir à tout prix qui tient à se présenter les mains nettes à la bataille électorale, dont le succès lui tient tant au cœur; en butte, d'un autre côté, à toutes les perfidies des plénipotentiaires célestiaux. Quand tout sera signé, paraphé, avec accompagnement de nids d'hirondelles et d'ailerons de requins, quand nous posséderons le Tonkin sur le papier, il ne restera plus qu'à s'en emparer. A quelques années de date, l'Autriche nous donnait l'exemple à suivre, en conquérant la Bosnie. Durant pas mal d'années, il nous faudra, comme elle, porter à ce chapitre une centaine de millions, sans compter jambes et bras hors de service. Eh bien ! il ne se rencontrera pas dans les deux Chambres une majorité de révoltés pour mettre en accusation le criminel à qui la France doit tant de malheurs ! Après quelques mois de repos, vous le verrez reparaître, quelque article 7 ou un décret d'expulsion à la main ; ou bien il reviendra vous demander quelques centaines de millions pour la propagation du catéchisme de Paul Bert. Que l'on y prenne garde ! le moment est critique, l'heure est décisive. Assez sur ce sujet. Il en est, grâce à Dieu, de beaucoup plus agréables à traiter. J'aurai peut-être bientôt le plaisir de vous revoir. Avec la paix, puisque paix il y a, je ne présume pas que l'on conserve ici une force navale aussi considérable, et par conséquent un vice-amiral à sa tête ; même dans le cas où le contraire arriverait, je suppose que l'on me remplacerait. Pour échanger du *gnin-gnin* avec les mandarins devenus nos amis, je passerai volontiers la main.

Aussi bien ai-je grand besoin de me reposer. Je m'en doutais un peu, quand le 12 du mois dernier m'en a convaincu. Dans un élan immodéré d'affection, mon brave médecin en chef ne parlait de rien moins que de me renvoyer à ma famille par le plus prochain paquebot. J'ai tempéré ses alarmes, tout en suivant scrupuleusement ses autres conseils; et si je ne suis pas encore parvenu à lui faire partager ma confiance dans le lendemain, il m'a cependant fait quelques concessions. Évidemment, je ne me remettrai pas complètement d'une grosse secousse, tant que mon séjour sous les tropiques durera ; mais, avec une grande fidélité au régime, j'attendrai sans encombre le moment où je pourrai me réparer définitivement.

Le nom de Paul Bert ainsi échappé à la plume de Courbet dans cette lettre, à propos d'une paix douloureuse, rappelle involontairement tout un monde d'antagonisme. On dirait un pressentiment.

Le Tonkin, dont Courbet, à Son-tay, avait été le glorieux vainqueur, devait recevoir pour premier vice-roi l'homme qui représentait en France les idées les plus diamétralement opposées aux siennes. C'est bien l'application de ce que nous venons de voir à la fin du précédent chapitre. L'un croyait : c'était l'homme du devoir, pratique, austère, loyal et inflexible ; l'autre, l'homme de l'article 7 et des décrets, posait pour l'athéisme.

Associé à toutes les idées d'oppression, il avait insulté et traîné dans la boue tout ce que Courbet aimait et respectait.

Mais paix aux morts ! « Ce qu'on paye de sa vie ne se doit plus : que sa mémoire soit allégée de toutes ses responsabilités relatives au Tonkin [1] ! »

Paul Bert n'y fut pas le successeur immédiat du héros de Son-tay.

Le général de Courcy y avait exercé avant lui le commandement en chef, dans la période qui suivit immédiatement la paix de Tien-tsin. On croyait que cette paix suffirait pour assurer sans efforts notre domination.

L'illusion était possible en France, elle ne l'était pas au Tonkin.

Nos alliés fidèles, les chrétiens, ne s'étaient pas mépris sur ce point.

Ils avaient compté sur la France : ce n'est pas sans tristesse qu'ils virent sa puissance amoindrie par la conclusion d'une paix que Courbet appelait douloureuse.

Les mandarins et les lettrés n'avaient plus de-

1. Mme ADAM, *Nouvelle Revue*.

vant eux la France redoutée de Son-tay et de Fou-tchéou ; c'était la France jouée et trompée de Bac-lé et de Lang-son. Deux mois ne s'étaient pas écoulés, et déjà des dépêches sinistres nous venaient de l'Annam.

Le général de Courcy, en arrivant à son poste après la paix, crut que, comme militaire, il ne lui restait aucun rôle important à jouer au Tonkin. Il se rejeta sur l'Annam : il y avait plus de chance de guerre.

L'Annam, avec son étroite bande de côtes stériles, sablonneuses, sans ports ; l'Annam, dit un proverbe, « n'est qu'un bâton aux bouts duquel pendent deux riches besaces : la Cochinchine et le Tonkin. »

Quand on connut à Hué les projets du général et sa prochaine arrivée avec une escorte de zouaves et de chasseurs, le roi Han-Nghi et ses régents Thuong et Thuyet ne se méprirent pas sur le but de sa visite ; ils s'en émurent, s'en exagérèrent peut-être la portée. Puisqu'il le faut, dirent-ils, « enlevons-le avant qu'il nous enlève ! »

C'était un moyen extrème ; il ne leur déplut pas : l'occasion était belle.

Ils réussirent si bien à cacher leur jeu, qu'une armée de trente mille Annamites put être peu à peu réunie, massée et dissimulée autour de la citadelle, sans qu'aucun soupçon fût éveillé parmi nous. Cette armée, ainsi disposée, se rua à l'improviste sur notre petite troupe endormie, au milieu de la nuit qui suivit l'entrée solennelle et la réception presque triomphale de notre général en chef à la cour de Hué.

A la suite des fatigues et des réceptions du jour, tout le monde dormait à la résidence, où le général avait dîné avec son état-major.

Comment, dans cette attaque de nuit, imprévue et soudaine, et sous un tel flot d'ennemis, ne fut-il pas enlevé avec le dernier de ses hommes? à quel providentiel hasard a-t-il dû son salut?

A la vigilance de ses factionnaires, sans doute? Non : la vérité est plus prosaïque. Ce fut aux libations de ses ordonnances, qui, dans la soirée et après leur service, avaient donné un punch à leurs camarades, dans les combles même de l'hôtel.

C'est de là qu'ils entendirent les premiers bruits du dehors, virent les premiers coups de feu, crurent à un incendie et donnèrent l'alarme.

Comment le général était-il venu se heurter en aveugle à un pareil danger?

Comment notre résident et la petite garnison française des forts de Thua-nan ne lui avaient-ils donné au moins le soupçon de cette conspiration, ourdie pourtant de longue main, et dont son arrivée n'avait fait que précipiter l'explosion?

La part faite aux critiques, la conduite du général et de son escorte reste au-dessus de tout éloge. On retrouve bien là ce qu'on peut attendre de notre supériorité, ou plutôt de la conviction de notre supériorité sur les Asiatiques.

Dans un si grand péril, cette poignée d'hommes eut conscience de sa valeur. Elle résista. Sa belle conduite nous valut la possession de Hué. A quel prix? Nous allons le voir.

Par le seul fait de sa résistance héroïque, le général chassait de la ville noble, c'est-à-dire, de l'immense citadelle de Hué, la cour, le roi, ses ministres, et toute une population de 30 ou 40,000 hommes; une véritable armée de rebelles sans asile, se répandant au dehors avec le roi et le régent Thuyet à leur tête.

Le régent Thuong restait auprès du général,

pour mieux le tromper, comme il avait trompé tout le monde à Hué, sans en excepter l'évêque et notre résident, M. de Champeaux.

Par la configuration du terrain, l'armée chassée de la citadelle n'avait que deux issues devant elle : le nord ou le sud. En se portant au nord, elle coupait nos communications avec le Tonkin. C'était grave. Le général en comprit le danger, et, avec un grand flair militaire, il combina et concentra immédiatement ses efforts dans ce sens, pour réparer la faute qu'il venait de commettre.

Il opéra presque exclusivement dans le nord, où il rencontra le concours et l'appui de nombreux chrétiens.

Le sud resta abandonné aux rebelles. Les chrétientés de ces paisibles provinces furent leurs premières victimes.

La haine de la religion n'était que le prétexte. Pour les Annamites, tout missionnaire est un agent politique de la France. « Les Français sont chrétiens : donc tout chrétien est ami des Français. » La sagesse annamite ne va pas au delà. Est-elle sans logique ?

« Par l'extermination des chrétiens, les lettrés

et les mandarins enlèvent à la France son meilleur point d'appui. C'est quand ce point d'appui n'existera plus que l'on reconnaîtra le vide créé autour de nous [1]. »

Le soulèvement général du pays, provoqué par le roi fugitif, avait donc pour but l'expulsion des Français et pour moyen le massacre des chrétiens indigènes.

Ces massacres avaient atteint des proportions inconnues à notre âge. Il faut remonter aux boucheries de Timour et de Gengiskan. Et pendant ce temps, que faisait le général de Courcy, maître de Hué? Il nommait un roi, ajoutait foi à la parole des mandarins, s'en rapportait encore au fameux régent Thuong, qui, pour mieux le tromper, au lieu de fuir, était resté près de lui.

Depuis le règne de Tu-Duc, Thuong avait été à la fois le signataire de tous les traités conclus avec nous, et en même temps l'âme de toutes les conspirations ourdies contre nous. En restant auprès du général en chef, il en tramait de nouvelles. Pour le moment, il répondait de l'ordre :

1. Lettre de Mgr PUGINIER. Hanoï, 15 septembre 1886.

cela semblait suffire; et quand de pauvres missionnaires, échappés du lieu du massacre, réus-
sissaient, à travers mille périls, à venir à Hué
exposer l'effroyable état de leurs chrétientés, on
se montrait plein de doute, on les écoutait à
peine, on les éconduisait; le général ne les rece-
vait pas. Il préférait s'en rapporter aux affirma-
tions pleinement rassurantes du régent et des
hauts mandarins.

Le général de Courcy était arrivé au Tonkin
avec le prestige d'un très beau passé militaire. Il
était entouré d'un brillant état-major. Par sa famille, son éducation, ses attaches, il appartenait
à la droite. Mais il était devenu *persona grata*
d'un gouvernement radical: il n'avait pas voulu
se montrer ingrat. Pour mieux écarter les soup-
çons, il n'avait pas voulu être clérical. Tant pis
pour les missions! On va loin sur la pente des
compromis. Son nom en portera la responsabilité
dans l'histoire[1]. Que voulez-vous? tous les généraux ne sont pas des Courbet.

---

1. «... Les diplomates et les autorités qui représentent la France,
sont trop souvent prévenus contre les missionnaires et les chrétiens. On dirait qu'ils redoutent l'influence religieuse et naturelle
que les missionnaires exercent dans le pays qu'ils évangélisent.

Ainsi s'explique l'indifférence, systématiquement aveugle, du général de Courcy.

Ainsi s'expliquent, de la part de quelques-uns de nos capitaines, de trop regrettables hésitations. Ainsi s'explique enfin comment les chrétiens échappés au massacre, mourant de faim et de soif, bloqués et parqués sur le rivage aride de Quinhon, furent recueillis et portés à Saïgon par deux navires allemands, *la Maria* et *la Gerda* [1].

C'est dans ces conditions d'impuissance, auxquelles il était fatalement réduit, que le général de Courcy fut remplacé par Paul Bert. Le règne des résidents civils au Tonkin commençait.

Quel triomphe pour la démocratie ! quel gage

En voyant l'hésitation et la timidité qu'ils mettent parfois à les protéger, on croirait qu'ils ont peur de se compromettre devant leur gouvernement et devant l'opinion. N'est-ce pas pour de tels motifs qu'on n'a pas osé jusqu'ici rendre justice aux missionnaires et aux chrétiens massacrés et opprimés? *Il ne faut pas le cacher, puisque c'est une vérité : cette politique et cette manière d'agir manquent de dignité, de fermeté, et ne sont pas conformes à la justice.* » (Mémoire de Mgr Puginier.)

1. « Dix-sept mille chrétiens, restant des quarante mille du recensement de 1885, erraient sur la plage, manquant de tout. Ce sont les aumônes venues de France qui ont permis de noliser des bateaux pour les nourrir, pour en transporter une partie à Saïgon et opérer le sauvetage des chrétiens du Sud qui n'avaient point encore été massacrés. » (Lettre de Mgr Van Camelbeke, août 1887.)

de sécurité pour notre empire colonial ! Une ère
nouvelle semblait s'ouvrir. Aussi n'est-il pas de
prérogatives qui ne semblent dues au privilégié
du nouveau régime ; il n'est pas d'honneurs militaires qui ne lui reviennent. Le décret du 27 juin,
qui en règle les détails, remplit trois colonnes de
l'*Officiel*.

Le départ du nouveau vice-roi, on s'en souvient,
rappelait celui d'un triomphateur.

A cette étrange rencontre du nom de Paul Bert
sous la plume de Courbet, se rattache un souvenir qui ne manque pas d'intérêt. Paul Bert, qui
n'avait jamais vu Courbet, s'était empressé de lui
écrire, après les combats de la rivière Min : —
« Amiral, je ne vous ai jamais vu, mais je ne
peux résister au désir de vous féliciter, de vous
remercier des premiers rayons de gloire que vous
nous rendez. Merci, au nom de la patrie ! merci,
au nom de notre grand patriote Gambetta ! C'est
plein de son souvenir et c'est devant sa statue
que je vous écris [1]... »

---

1. Courbet, en ouvrant cette lettre, se tourna vers l'officier d'ordonnance qui se trouvait près de lui : « Tenez, mon cher, lisez...
N'est-ce pas que c'est drôle ? » C'est de la bouche de cet officier
que nous tenons le sens, sinon le texte de cette lettre.

L'évocation de Gambetta devant le vaillant homme de guerre de notre époque ne manque pas d'ironie.

Quoi qu'il en soit, Paul Bert, au Tonkin, n'eut pas grand'peine à se montrer plus clairvoyant que le général de Courcy. Il comprit, dans une certaine limite, l'avantage qu'il pouvait tirer des missionnaires. Il était de ceux qui pensent qu'on peut les persécuter en France et les utiliser à l'étranger. « S'en servir et non les servir », c'est la formule.

Toutefois, malgré sa clairvoyance, Paul Bert ne s'était pas mieux rendu compte de la véritable cause de l'insurrection dont le général de Courcy, par son ignorance, avait failli être la victime.

Malgré la supériorité de son intelligence, il était atteint, selon la remarque de M. E.-C. Lesserteur [1], d'un daltonisme moral qui, en le privant de la perception du sens religieux, l'empêchait de pouvoir apprécier sainement toutes les ressources offertes par l'établissement du catholicisme au Tonkin.

1. *Revue française,* 15 janvier 1888.

« Quand nous y arrivâmes, » nous dit M. Chailley, son gendre, secrétaire et historiographe, « quelles mesures avions-nous à prendre? Nul ne pouvait, avec certitude, assigner la cause du soulèvement général en Annam [1]. » — Mais cette cause, Monsieur le secrétaire, que ne la demandiez-vous aux hommes capables de vous la donner? A un bon nombre de missionnaires, par exemple; à la plupart des évêques, et surtout au vénérable et éminent évêque d'Hanoï, Mgr Puginier. C'est lui qui avait fait de la prise de Son-tay un fidèle et émouvant récit.

Courbet n'avait pas dédaigné ses conseils. Il lui prodigua les marques de son estime, comme l'ont fait d'ailleurs tous les officiers qui ont pu apprécier le dévouement et le zèle de celui qui est le grand évêque et le grand Français du Tonkin, comme Mgr Lavigerie est le grand évêque et le grand Français de l'Afrique [2].

1. *Paul Bert au Tonkin*, par M. Joseph Chailley.
2. « Moi, qui ai quitté la France depuis vingt-huit ans, qui n'ai jamais cessé de l'aimer, de la faire aimer dans le royaume d'Annam, tout en prêchant la religion de mon Dieu, je crois ne point faire du cléricalisme, mais de la vraie et bonne politique, utile à mon pays. Si je me trompe, je me plais à me faire illu-

Si Paul Bert, au lieu de suivre en ce point les errements du général de Courcy, eût suivi l'exemple de Courbet et prêté l'oreille aux avis de l'évêque, il aurait certainement appris la vraie cause du mal. Les avertissements n'avaient pas manqué aux plénipotentiaires qui s'étaient succédé à la cour de Hué : MM. Tricou, Patenôtre, Lemaire. Dans leur rapide passage, qu'en avaient-ils rapporté? A peine un souvenir.

« A l'arrivée de Paul Bert au Tonkin, » poursuit son historien, « pas une classe de la population qu'on fût autorisé à traiter en alliée ! »

Dans ce cas, demanderons-nous, que faites-vous des chrétiens? comment les traitez-vous? Ils sont huit cent mille. Dans quelle classe les mettez-vous?

— Mais dans celle de nos pires ennemis, va répondre l'auteur. Si le pays est soulevé contre nous, c'est à eux qu'on le doit. N'en cherchez pas la cause dans le patriotisme des Annamites, dans leur attachement au roi Nan-Nghi mis en fuite

sion, convaincu qu'il y a encore de nobles et vaillants caractères capables de tenter quelque chose de grand pour les vrais intérêts de la patrie. » (*Mémoire* inédit de Mgr PUGINIER, écrit à Hanoï, 10 août 1886, et publié par la *Revue française,* fév. 1888.)

par notre coup de main sur Hué ; ne la demandez pas non plus, cette cause, à la haine profonde des mandarins et des lettrés contre nous :
non, tout cela n'est rien à côté des agissements
des chrétiens.

« Dans de très nombreux documents, émanant
de fonctionnaires civils, de chefs militaires et
d'autorités annamites, j'ai presque invariablement
relevé contre les chrétiens », dit M. Chailley,
« l'accusation d'avoir, par leur conduite passée et
présente, exaspéré les Annamites de religion contraire [1]. »

Et plus loin, comme conclusion : « Il y avait
presque unanimité pour rendre les missionnaires
et leurs chrétiens responsables du soulèvement
de l'Annam [2]. »

C'est, ce nous semble, pousser bien loin la
passion et l'aveuglement. M. E.-C. Lesserteur se
sert d'un mot plus dur [3]. Il ne répond à de telles
accusations que par la publication d'un mémoire

---

1. *Revue française,* p. 119.
2. *Ibid.*
3. *Paul Bert au Tonkin et les Missionnaires.* Paris, impri-
merie Chaix, 1888.

inédit, écrit à Hanoï, en juillet 1886, par Mgr Puginier, destiné à établir la part de responsabilité qui revient à chacun dans ces effroyables massacres. C'est à la fois un monument funèbre et une pièce historique, jetant un triste jour sur une lamentable page de notre histoire coloniale. Nous essayons d'en donner un rapide aperçu :

« Les chrétiens annamites massacrés dans des proportions inouïes étaient les amis de la France. C'est elle qui les avait pris solennellement sous sa protection ; et pourtant, les atrocités sans nom dont ils sont les victimes, ont été commises, pour ainsi dire, en présence de nombreuses troupes françaises, impuissantes, dit-on, à les empêcher [1].

« Ces massacres, ces pillages et ces incendies, exercés à différentes reprises depuis 1867, c'est-

1. Une lettre de Mgr Van Camelbeke, datée de Binh-dinh, 10 août 1887, dit sur le même sujet : « Ah ! je n'oublierai jamais cette lugubre date du 6 août 1885 ! Pendant qu'on égorgeait dans chaque village chrétien, avec la dernière barbarie, hommes, femmes, enfants, vieillards, des bandes de fugitifs affolés accouraient près de ma résidence, que l'ennemi n'avait pas encore cernée, ou s'enfuyait directement jusqu'au port de Quinhon, occupé par un poste français. N'étant éloigné que de 7 kilomètres de la résidence, je demandai six soldats d'infanterie de marine et un sergent, qui me furent refusés sans la moindre hésitation par le capitaine.

à-dire, depuis l'occupation définitive des trois provinces rétrocédées aux Annamites par le traité de
1862, ont été renouvelés visiblement chaque fois
que la France a recommencé à faire sentir son
action sur le royaume d'Annam : en 1873, à l'occasion de l'expédition de Garnier; en 1883, après
la prise de Son-tay.

« Les événements de Hué, 5 juillet 1885, leur
ont donné des proportions sans limites; et depuis,
ils n'ont pas cessé, bien qu'avec des intermit-
tences et des périodes de crise moins aiguë. Ce
qui est hors de doute, c'est que depuis deux ans
nous assistons à une véritable extermination de
chrétiens. Ce n'est pas fini ; et déjà le nombre
des victimes atteint quarante mille ! C'est horrible, inexplicable. Il est temps que la responsabilité en revienne à quelqu'un. »

Ce quelqu'un, quel est-il ?

Pour justifier de tels massacres, les explications
n'ont pas manqué ; les excuses abondent. Toutes
les fois qu'il s'agit des chrétiens, la cour et les
régents, les mandarins et les lettrés ne sont pas en
peine de motifs : insinuations perfides, inventions
odieuses, calomnies invraisemblables, tout est de

bonne guerre. C'est pour faire connaître la portée et le but de ces accusations que Mgr Puginier a écrit son mémoire. Il l'a fait avec autant de réserve que de clarté.

Le but des mandarins et des lettrés est bien simple. Brouiller les chrétiens et les Français, indisposer les uns contre les autres : voilà le plan. Aux uns, aux Annamites, ils disent : « Mais vous êtes nos frères ! Pourquoi vous mettez-vous avec nos ennemis ? Aidez-nous au contraire à secouer leur joug, à chasser l'étranger. Sans vous, sans les missionnaires, les Français seraient comme des crabes auxquels on a coupé toutes les pattes[1]. »

En même temps, pour s'insinuer auprès des autorités françaises, pour mieux les tromper et s'imposer à elles, ces mêmes chefs de rebelles, ces mêmes fauteurs d'insurrection leur disent, ainsi que le régent Thuong ne cessait de le dire au général de Courcy :

« Ce n'est pas à la France que nous en voulons ; nous respectons ses fonctionnaires. Nos actes ne sont pas dirigés contre vous. Ce n'est

---

1. Proclamation officielle, dont Mgr PUGINIER cite le texte.

qu'aux chrétiens que nous faisons la guerre : guerre de religion, avec ses vengeances, ses représailles, ses assouvissements de haine. Que voulez-vous ? les chrétiens ont trop compté sur vous. Assurés de votre appui, ils ont voulu accaparer les charges, les emplois, les honneurs ; ils ont cherché à s'affranchir de l'impôt ; ils ont fini par exaspérer les Annamites de religion contraire. »

Ce langage de Thuong ne diffère pas de celui de M. Chailley, l'historien de Paul Pert.

« Tout cela est odieusement faux, » s'écrie Mgr Puginier avec indignation, « que l'on nous cite donc des massacres de païens effectués par des chrétiens ! Il est absolument faux qu'il y ait guerre entre eux ; toujours ils ont été amis, et plusieurs sont unis par des liens de famille. L'animosité des païens contre les chrétiens ne s'est jamais produite que dans les moments où les mandarins et les lettrés voulaient la soulever, pour se venger d'une intervention de la France. »

Il en est tellement ainsi, et tout le monde le sait bien en Annam, que, dès la signature de notre paix *douloureuse* avec la Chine, le mot d'ordre donné à la cour par le roi Nan-Nghi et

ses deux régents Thuong et Thuyet était : « Lutte
à outrance contre les Français et extermination
des chrétiens, qui en sont l'appui. » L'exécution
en était confiée aux mandarins et aux lettrés.

Dès le 13 juillet, huit jours à peine après l'arrivée
du général de Courcy à Hué, ils sont à l'œuvre.

Ils débutent au Quang-naï et dans les provinces
éloignées des garnisons françaises. C'est le pillage,
l'incendie et le massacre de tous les chrétiens. Le
mouvement se propage de province en province.

En août et en septembre, c'est le Binh-dinh,
le Phû-yen, le Than-hoà. « L'affreuse boucherie,
exécutée partout avec un ensemble et une rapidité remarquable, a, en quelques jours, jeté à
bas, dans une seule mission, vingt-quatre mille
victimes et neuf missionnaires français [1]. »

En octobre et novembre, ce sont les provinces
du Nord : Chuan-binh, Hà-tinh, Nghé-an.

A l'exception des postes occupés par les troupes
françaises, l'insurrection est partout; partout le
pillage, l'incendie et la mort.

Et tout cela était connu, prévu, annoncé d'a-

1. Lettre de Mgr Van Camelbeke. Lang-son, Binh-dinh,
10 août 1887.

vance. Qu'a-t-on fait d'abord pour le conjurer?
qu'a-t-on fait ensuite pour atteindre et punir les
coupables ?

Rien, absolument rien, répond Mgr Puginier
dans son mémoire. Il est des cas où l'indulgence
n'est qu'une faiblesse. Ici, on la dirait un crime :
car « ici, il y a eu plus que de l'indulgence, il y
a eu négligence et pis encore, il y a eu parti
pris, persistance à ne pas rechercher les chefs,
les meneurs, les principaux auteurs de ces crimes.

« Dès lors, lettrés et mandarins, forts des circulaires officielles du roi et des régents, ont pu
continuer leur œuvre d'extermination et dire aux
populations de l'Annam : « Voyez ce qui se passe
« au Quang-tri, au Quang-naï, au Binh-dinh,
« au Phu-yen : nulle part les Français ne protè-
« gent les chrétiens. Brûlez, pillez, massacrez :
« vous n'avez rien à craindre. »

Et en effet, au milieu de leur inénarrable in-
fortune, les chrétiens n'ont jamais vu un signe,
reçu un témoignage, entendu un mot officiel en
leur faveur [1]. Bien loin de là! des circulaires im-

---

1. « On m'objectera peut-être qu'à la suite de nos épouvantables
malheurs et des pertes immenses que nous avons subies, je devrais

prudentes, injustes, impolitiques, leur ont été adressées, avec reproches immérités et menaces de peines plus terribles que celles infligées à leurs bourreaux. Telle est celle du 30 août 1886, dans laquelle le résident général Paul Bert ne craint pas de formuler contre eux des accusations qui, pour être indirectes, n'en sont ni moins injustes ni moins mensongères.

« Je ne cesserai de réclamer auprès des autorités annamites pour que les chrétiens aient les mêmes droits que les autres sujets du roi; j'emploierai toute mon énergie à les protéger contre des massacres comme ceux de Binh-dinh et du Than-hoâ, qui sont une honte pour le roi et pour la France ; *mais je ne cesserai de dire aux chrétiens qu'ils ne peuvent réclamer ces droits qu'à la condition d'obéir, comme tous, aux lois du pays et aux mandarins chargés de les faire exécuter. S'ils veulent une législation à part, s'ils refusent de payer l'impôt aux autorités, s'ils veulent former*

demander quelque indemnité au gouvernement d'Annam, et, à son défaut, au gouvernement français. J'ai fait, hélas! bien des démarches et des tentatives dans ce sens; mais je n'ai pu encore obtenir ni un grain de riz ni une sapèque. » (Mgr VAN CAMEL-BEKE, lettre citée, 10 août 1887.)

de petits États dans le grand État, je cesse de les défendre. Prêt à tout faire au nom de l'égalité, je ne ferai rien au nom du privilège. »

In cauda venenum!

Ces insinuations sont repoussées avec une grande énergie par Mgr Puginier, qui ne peut s'empêcher de nous dire : « Ah! ce n'est pas l'Angleterre, l'Amérique ou l'Allemagne[1] qui laisseraient impunément massacrer leurs missionnaires et quarante mille de leurs amis. Ce ne sont pas non plus ces nations qui accepteraient si facilement les ineptes calomnies inventées contre des protégés dont ils peuvent espérer de si utiles faveurs. »

Quoique adoucies, ces protestations de l'évêque ont trouvé de l'écho jusque dans les régions les plus officielles.

« Je ne vous parle pas des chrétiens, qui ont beaucoup souffert pour nous, mais qui sont trop peu nombreux pour nous appuyer efficacement autrement que par des renseignements et dans quelques cas exceptionnels.

1. Le gouvernement allemand s'efforce d'attirer des aumôniers catholiques dans ses nouvelles possessions d'outre-mer.

« On les a beaucoup calomniés, on s'est même défié de leur fidélité; ils n'ont jamais été que très malheureux, très compromis, et sont très aigris contre ceux qui les avaient pillés. Quand ce ne serait que par amour-propre, nous devons les aider à reconstituer leurs villages, sans leur permettre de représailles envers leurs ennemis. Les évêques et les missionnaires acceptent complètement ces principes[1]. »

Les chrétientés du Tonkin ont acquis une physionomie à part, un caractère qu'elles n'ont pas ailleurs : il est impossible de le méconnaître.

Pendant les massacres qui ont suivi la paix de Tien-tsin et marqué l'arrivée et le passage du général de Courcy, quand le pillage et l'incendie se répandirent partout, que devaient faire les missionnaires?

Demander secours à nos troupes : ils l'ont fait.

Mais, quelle qu'en soit la raison, les troupes, disséminées sur un trop grand espace du littoral, n'ont pu les protéger.

---

1. 8 mars 1887. Lettre de M. PAULIN VIAL, résident supérieur à Hanoï, adressée à M. de Lanessan.

Dans ces conditions, nous le répétons, que restait-il donc à faire, à nos missionnaires?

Devaient-ils chercher leur salut dans la fuite? laisser égorger les femmes, les enfants, les populations paisibles qui s'étaient confiées à eux, qui avaient cru à leur doctrine, à leur parole, à leurs promesses, à la protection de la France?

Les abandonner dans ces conditions! y songe-t-on? C'eût été la dernière des infamies. Ces hommes, sous leur robe de prêtre, avaient du sang français. Ils ne pouvaient abandonner leur troupeau, et pour le défendre, ils se sont improvisés capitaines, ils ont fait leurs néophytes soldats. Ils ont retroussé leur soutane, et n'ont pas craint de se servir des armes qui leur tombaient sous la main.

C'était plus qu'un droit de légitime défense, c'était un devoir. Ce devoir s'imposait : ils l'ont rempli.

Après la stupeur des premiers coups, après les boucheries des premières heures, on se défendit, on lutta; la résistance s'organisa peu à peu. Leurs efforts ne sont pas stériles; quelques succès marquent leurs premiers pas.

Pour ses débuts, le P. Auger bat les rebelles et leur prend six canons. Le P. Maillard ramène à Quinhon les restes des chrétientés mutilées du Phu-yen. Là, le P. Maillard fait aussi des prodiges. Dans le Hà-tinh, c'est avec les zouaves du commandant Baudand qu'il opère. A An-ninh, le siège du petit séminaire restera légendaire. Sa résistance héroïque, dirigée par trois Frères, donne le temps à une compagnie française d'arriver à son aide.

Les mêmes résistances se reproduisent dans les provinces de Quanh-ktri et de Than-hoà.

Dans le Quinh-tinh, c'est le P. Cudrey qui, avec ses milices chrétiennes, appuie les mouvements du colonel Chaumont.

Au Dong-than, les PP. Legal et Kingter; à Moncaïe, le P. Grandpierre ont joué le même rôle. — « Rôle de factieux, rôle de bandits, rôle de chefs de pirates ! » se sont écriés, en France, quelques organes de l'opportunisme et de la franc-maçonnerie. « En demandant le désarmement des chrétiens [1], ces journaux ne se doutaient pas

---

1. L'ordre de les désarmer a été donné sur quelques points. Nous ne pensons pas qu'il ait été exécuté.

qu'ils n'étaient que les interprètes aveugles et inconscients des mandarins et des lettrés [1].

Ce qui n'a point empêché le général Munier [2] de signaler, dans un ordre du jour, les services rendus par les milices chrétiennes du P. Auger.

Ce qui n'a pas empêché non plus le vénérable évêque espagnol de Bac-ninh, Mgr Colomer, vicaire apostolique du Tonkin septentrional, de recevoir la croix de la Légion d'honneur, en même temps que les fusils destinés à mettre en état de défense la maison qu'il habite [3].

1. Dans les endroits où les missionnaires ont résisté et réussi à battre les rebelles, aussitôt les mandarins et les lettrés de crier que les chrétiens étaient les auteurs, les fauteurs, les continuateurs de la guerre.

Et pourtant, en sauvant leurs chrétientés des massacres, ces mêmes missionnaires ont préservé de l'insurrection un grand nombre de villages; et, en défendant leurs néophytes, ils rendent au parti de l'ordre les mêmes services que rendraient des postes militaires avancés. *Au lieu de les désigner par le nom odieux de chefs de bandes, on devrait leur être reconnaissant des services signalés qu'ils rendent au pays et aux vrais intérêts de la France.* (Mgr PUGINIER, *ibid.*)

2. « Le général Munier, selon son habitude, vient de se montrer très disposé à favoriser le voyage et l'installation des missionnaires que j'envoie à Phu-lé, dans le Laos. Il sait comprendre que l'homme de Dieu rend, au besoin, d'éminents services à sa patrie. » (Lettre de Mgr PUGINIER, mai 1888.)

3. « Et pourtant, » dit-il dans sa lettre du 7 mai 1887, « ma maison n'est qu'à quelques pas du séjour habituel des autorités

« Si nos nouvelles colonies devenaient chrétiennes, serait-il nécessaire d'y entretenir des armées nombreuses? Même à l'état d'îlots menacés, les centres créés par les missions nous ont rendu de grands services, parfois d'un ordre militaire. Tel prêtre, entouré de ses néophytes, a tenu comme une citadelle; tel autre, à la tête de nos colonnes, leur a servi de guide et d'éclaireur[1]. »

Si ce rôle n'est point celui des missionnaires, comme nous le croyons, à qui la faute? Qui donc les a condamnés à le remplir?

Est-ce que leur œuvre n'était point assez vaste et féconde, assez pacifique et assurée, avant l'arrivée de Garnier et les massacres qui l'ont suivie, avant l'envoi inconsidéré de Rivière et l'intervention armée que sa mort a rendue nécessaire?

françaises. Mais cette mesure est indispensable, car nous sommes toujours ici sur un volcan. Au besoin, j'armerai mes chrétiens, et, à l'exemple des évêques du moyen âge, nous défendrons contre les barbares les églises et les monastères. »

1. « Et, chose étrange! » ajoute cet écrivain, « à la suite des derniers massacres dans l'Annam, le mouvement des conversions a progressé dans des conditions inusitées. Annamites et Tonkinois ont cru au témoignage de ceux qu'ils égorgeaient. »

De Vogüé, Journal des Débats.

A chacun donc sa part de responsabilité. Et maintenant, si une hypothèse, pour rendre notre pensée, peut nous être permise, supposons que la question du Tonkin, telle que les événements l'ont faite, se soit présentée, non aux hommes d'État qui nous gouvernent, mais au descendant de ces *rois très chrétiens* qui, dans tout l'Orient, avaient fait la France assez grande pour que le nom de *Franc* fût et y soit demeuré encore synonyme de celui de chrétien[1]. Quel langage eût tenu ce *roi très chrétien* au chef d'escadre chargé d'aller le représenter dans l'extrême Orient?

Ne lui aurait-il pas dit :

« — Amiral, je vous envoie loin d'ici prendre en main nos affaires, dans un pays riche et peuplé, où se trouvent déjà huit cent mille chrétiens.

« Ils y forment des centres paisibles, prospères

---

1. Discours de M. DESCHANEL, séance du 1er mars 1888. « Nous ne sommes plus au temps où les navires de toutes les nations ne pouvaient entrer dans les mers et dans les ports de l'empire turc que sous le pavillon de France, où tous les Européens ne relevaient que de nos consuls, où les ambassadeurs étrangers n'étaient admis en présence du sultan que sous la bannière de notre ambassade. »

et nombreux. Ils s'y trouvent embrigadés, disciplinés, soumis à des hommes intelligents, courageux, dévoués à la France.

« Ce sont des missionnaires. J'ignore vos opinions, vos sympathies pour eux; mais je connais votre amour pour la France : cela me suffit. Allez! et, en brave et loyal marin, faites, avec le concours de ces hommes, faites tout ce que l'intérêt et l'honneur de la France vous commanderont de faire »?

Si cet amiral ainsi mandé auprès du roi eût été Courbet, s'inclinant en signe d'adhésion et de respect, il serait parti, fort de ses convictions, conscient de ses devoirs, assuré de la ligne de conduite qu'il avait à suivre.

A son arrivée à Annam, s'il eût demandé à l'élément chrétien ce qu'il pouvait en attendre, en revanche, connaissant ce qu'un chef européen doit aux races asiatiques, surtout à ce peuple doux et timide, formaliste jusqu'à l'excès, il aurait imposé avant tout à ses lieutenants, fonctionnaires civils ou militaires, la modération, la tolérance, l'humanité ; il aurait certainement réprimé chez eux tout abus de la force. Il n'aurait jamais traité, par la terreur, des peuples qui méprisent la douleur et vont au-devant de la mort. Non. Il aurait employé certainement le prestige que lui donnaient ses premiers succès de Thuanan et de Son-tay à asseoir son autorité et à gagner la confiance, en assurant à la race vaincue la protection à laquelle elle a droit.

Qui peut douter qu'avec la fascination qu'il savait exercer sur ses équipages, il n'eût aussi conquis, sur la population indigène, cet empire moral sans lequel toute conquête matérielle est infructueuse?

Et avec le concours de tous les habitants, dans ce pays le plus fertile et le plus peuplé du monde, constituant des ressources capables de balancer nos dépenses, y appelant les capitaux, le commerce, l'industrie, nouveau Dupleix ou Labourdonnais, il eût réussi à faire revivre pour nous, dans la presqu'île de l'Indo-Chine, ce magnifique empire colonial que nous avons perdu aux Indes.

Voilà l'hypothèse.

Qu'est la réalité?

La réalité, c'est d'abord la large hécatombe de douze ou quinze mille soldats qui dorment là-bas, couchés dans les rizières et le long des grands fleuves.

La réalité, c'est un demi-milliard englouti dont nous payons l'intérêt; c'est une armée de trente à trente-cinq mille hommes dont nous faisons les frais, avec un budget annuel de soixante millions.

Sous le nom d'*Union indo-chinoise*, et avec un grand luxe de résidents généraux, supérieurs, particuliers, sortis de toutes les officines de la presse, on a cru pouvoir fondre, en un seul tout, la colonie de Cochinchine avec les protectorats de l'Annam, du Tonkin et du Cambodge. C'est un essai, non une solution; tout au plus un artifice budgétaire, un trompe-l'œil financier[1].

Sous un pareil régime, quelles sont les chances d'avenir et de sécurité pour un empire colonial sans cesse menacé d'une évacuation honteuse?

A quoi tient son existence dans le vote du budget? A une ou à quelques voix de majorité, et c'est tout.

---

1. A l'inconhérence des divers systèmes économiques auxquels on a voulu soumettre le Tonkin, il faut ajouter les dissentiments de personnes qui, depuis Paul Bert, n'ont cessé de s'y produire.

Un dernier mot pour finir ce trop long chapitre. Si Courbet avait vécu, avec ses talents militaires et les qualités administratives dont il a fait preuve, croit-on de bonne foi qu'on l'eût nommé gouverneur de l'empire à la création duquel il avait pris une si large part? Non, mille fois non! On lui aurait préféré Paul Bert, Bihourd ou Constans, comme, après Son-tay, on lui avait préféré le général Millot.

Et nunc intelligite!

CHAPITRE X

ÉPILOGUE

A l'heure et au lieu où nous avons laissé
Courbet expirant, nous trouvons, sur la cause de
sa mort, le témoignage d'un de ses officiers, à la
fois témoin oculaire et écrivain hors ligne.

Il nous dit :

« En présence du néant et de la stérilisation
inattendue de ses victoires, l'amiral est mort
moins de fatigue et d'épuisement que d'écœure-
ment et de déception. Jusqu'à ses derniers jours,
il continue fidèlement ses visites aux malades.
De même qu'à Formose, nous l'avions vu, sous la
pluie battante, venir au campement de l'infanterie de marine, embrasser le jeune Jéhenne
mourant ; de même aux Pescadores, la veille de sa

mort, nous le vîmes, sous un soleil de neuf
heures, suivre, la tête découverte, le cercueil
d'un autre officier mort de la maladie, maladie
innommée, maladie de Formose. »

C'est de ce mouillage de Ma-kung que nous
trouvons datée une de ses dernières lettres,
écrites, d'ailleurs, sur le même sujet.

Bayard, 4 mai 1885.

Je souhaite que les plénipotentiaires se pressent et
ne forcent pas nos malheureuses troupes à recevoir
l'assaut de la saison pluvieuse, sans compter ceux du
Nid d'aigle, de la Table, du Cirque! Il me tarde de soustraire ces malheureux aux atteintes des maladies qui
les déciment, puisque leur bravoure n'a plus rien à
faire sur cette terre de Formose arrosée de leur sang.
C'est navrant de voir mourir dans leur lit des hommes
qui affrontent si crânement la mort devant l'ennemi.

Ceux qui n'ont point vu Courbet de près ne
sauront jamais combien ce vrai et grand chef,
combien cet homme de guerre était aussi un
homme de cœur.

« Ces existences de matelots et de soldats, qui,

depuis deux années, semblaient ne plus assez coûter à la France lointaine ; il les jugeait très précieuses, lui qui était un vrai et grand chef : il se montrait très avare de ce sang français. Ses batailles étaient combinées, travaillées d'avance avec une si rare précision, que le résultat, souvent foudroyant, s'obtenait toujours en perdant très peu, très peu des nôtres ; et ensuite, après l'action qu'il avait durement menée, avec un absolutisme sans réplique, il redevenait tout de suite un homme très doux, s'en allant faire la tournée des ambulances avec un bon sourire triste : il voulait voir tous les blessés, même les plus humbles, leur serrer la main ; et eux mouraient plus contents, réconfortés par sa visite. »

« Quand on a le pouvoir de se faire craindre, la puisssance de se faire obéir, il y a de la gloire à se faire aimer. » C'est Bossuet qui parle.

Pierre Loti ajoute : « Je le subissais, moi aussi, le prestige de cet amiral, d'une manière plus raisonnée que nos matelots peut-être, mais complète ; et, comme tant d'autres ignorés, je l'aurais suivi n'importe où, avec un dévouement absolu.

« Et puis, il avait son secret, cet amiral, pour être en même temps si sévère et si aimé. Comment faisait-il donc? car enfin, il était un chef dur, inflexible pour les autres comme pour lui-même; ne laissant jamais voir sa sensibilité exquise, ni ses larmes, qu'à ceux qui allaient mourir.

« N'admettant jamais la discussion de ses ordres, tout en restant parfaitement courtois, il avait sa manière à lui, impérieuse et brève, de les donner : « Vous m'avez compris, mon ami?... « allez! » Avec cela, un salut, une poignée de main, et on *allait* : — on allait n'importe où, même à la tête d'un tout petit nombre d'hommes; on allait avec confiance, parce que le plan était de lui ; ensuite, on revenait ayant réussi, même quand la chose avait été terriblement difficile et périlleuse.

« Je m'inclinais devant cette grande figure du devoir, presque incompréhensible à notre époque de personnages fort petits. Il était, à mes yeux, une sorte d'incarnation de tous ces vieux mots sublimes : d'honneur, d'héroïsme, d'abnégation, de patrie...

« L'écrivain qui se sentira de taille à faire son éloge funèbre, devra bien s'efforcer de rajeunir ces grands mots d'autrefois : car on les a aujourd'hui tellement banalisés, à propos de gens quelconques, n'ayant risqué leur vie nulle part, que ces mots semblent n'avoir plus de sens assez élevé, quand il s'agit de lui. »

Vides de sens, en effet, sont tous ces vieux grands mots, si on ne leur ajoute celui qui les complète, les explique et leur donne la vie, le nom de Dieu ! Dieu et patrie ! De cette union Loti semble ignorer la force et la magie. Courbet ne l'oubliait jamais.

Il ne l'oubliait pas quand, pendant la crise ministérielle qui suivit la chute de M. Ferry, il envoyait au gouvernement cette dépêche suppliante :

Quel que soit celui qui recevra cette dépêche, qu'il sache bien que nos marins ne veulent pas mourir sans les secours de la religion. Au nom de la flotte, je vous adjure de nous envoyer des aumôniers.

« En réclamant avec tant d'instance, pour ses frères d'armes, le ministère des prêtres de Jésus-

Christ, l'amiral Courbet ne méritait-il pas », dit son panégyriste, « que la religion vînt le consoler et le fortifier lui-même à ses derniers moments ? »

La religion n'y a point manqué.

Si quelques doutes ont pu persister sur sa fin très chrétienne, ils sont dissipés par une lettre de l'aumônier du *Bayard* à ce sujet[1].

Ce fut encore pendant son séjour aux Pescadores, à la fin de mars 1885, qu'il écrivit son testament, arrivé en France avec ses dépouilles mortelles.

Pescadores, le 28 mars 1885.

Je laisse à la Société de sauvetage des naufragés toutes mes économies provenant de mes appointements. Mes sœurs, belles-sœurs et nièces ayant une large aisance, je pense qu'elles m'approuveront.

COURBET.

C'est simple, c'est précis et c'est grand ; c'est beau comme l'antique, dit son ami Gal, dans *la Liberté*.

1. Note H.

Les économies faites dans sa périlleuse carrière sont laissées aux marins, qu'il n'a jamais voulu quitter, malgré les instances des médecins pour le faire rentrer en France. « Me séparer de ces braves enfants, jamais ! »

Dans son testament, cette clause n'est pas la seule qui se rapporte à ses compagnons d'armes.

Il en est une autre, qui n'a pu être observée au moment où elle a été connue : c'est celle par laquelle il ne veut point d'honneurs militaires à ses funérailles, dès le moment qu'il est interdit aux hommes qui doivent les lui rendre, à ces hommes qu'il a conduits lui-même à la victoire, de franchir avec lui la porte du lieu saint.

Son testament, déposé le 1er septembre chez le notaire Muri, de Paris, ne fut connu de la famille qu'après l'imposante cérémonie des Invalides et au moment où celle d'Abbeville allait commencer. Sur les instances de l'amiral Galibert, et avec le consentement des parents, cette clause fut gardée secrète.

Nous n'avons pas les mêmes raisons pour le faire aujourd'hui.

Quel singulier pressentiment de cette protestation posthume avait donc le ministre de la guerre, quand, deux mois auparavant, à la tribune de la Chambre, il répondait par un misérable faux-fuyant à une demande d'obsèques nationales :

Le gouvernement avisera quand le moment sera venu. (Très bien ! très bien !) Jusque-là, il se réserve de savoir si l'amiral Courbet, en mourant, n'a pas laissé de dispositions particulières, et si sa famille, de son côté, n'en a pas à présenter au sujet de ses funérailles. (Très bien ! très bien !)

En vain la droite proteste.

C'est une fin de non-recevoir ! s'écrie avec indignation M. de Mahy :

Personne en France, personne dans le monde, dans la marine ou parmi nos soldats de l'extrême Orient, personne ne comprendra qu'une telle motion ayant été faite (applaudissements à droite), elle n'ait pas été votée d'acclamation.

Elle ne le fut pas [1].

Le gouvernement, à cette heure, ne connais-

1. Note I.

sait pas les dernières volontés de Courbet. Il ne pouvait se douter du coup qu'allait lui porter la divulgation de ses lettres. Mais il avait déjà de lui un indice inquiétant, un acte authentique et public, un vrai testament politique et mystique, suffisant pour le rendre suspect aux puritains de la libre pensée : c'était l'envoi de son nom et de sa souscription à l'église du Vœu national.

Bayard, le 21 janvier 1885.

Mon cher Tiburce, deux mots de plus avant le départ du courrier. Ce n'est pas encore pour vous apprendre mon retour en France, c'est pour vous prier d'y suppléer.

Je suis souscripteur de 200 francs pour la construction de la chapelle de la marine (Vœu national). Je vous serai obligé de faire remettre ces 200 francs *en mon nom* à M. Théodore Dauchez, trésorier de l'œuvre du Vœu national, 6, rue de Furstemberg, Paris. Je dis bien : *en mon nom,* et je le répète, pour qu'il n'y ait aucune incertitude dans l'esprit du trésorier, qui a reçu et reçoit pas mal de souscriptions anonymes...

Au vice-amiral Gicquel des Touches.

Bayard, 17 mai 1885.

. . . .

..... Vous devinez, Amiral, que je demeure parfaitement indifférent aux criailleries des journaux avancés.
En envoyant mon offrande, je ne supposais pas qu'il en
résultât le moindre bruit autour de mon nom ; mais
cela m'importe peu. J'espère que l'auteur de l'indiscré-
tion ne s'en est point préoccupé plus que moi.

Votre respectueux et dévoué

COURBET.

C'est là un acte de foi ; et, selon nous, un des
actes les plus significatifs de sa vie.

Il nous rappelle une belle page d'un livre qui
fit grand bruit à son heure.

Cette page, on la dirait écrite pour Courbet.

Chaque jour le juste monte au Calvaire devant nos
yeux. La plupart d'entre nous le voient passer avec
indifférence ; quelques-uns voudraient bien protester,
mais ils n'osent : ils craignent de se montrer ; ils se
disent : Je suis tranquille ; si je m'avoue chrétien, toute
la juiverie franc-maçonne va s'ameuter contre moi.

Heureux celui qui a surmonté ce premier mouvement de faiblesse !

Heureux celui qui, au jour de la résurrection, devant la face lumineuse du Christ, quoique écrasé sous le poids de ses fautes, pourra se relever et dire :

Seigneur, je ne suis pas digne d'entrer dans votre demeure ; mais à tel jour, à telle heure, quand vous passiez au milieu des outrages, moi chétif, impuissant, j'ai essayé de vous aider à porter votre croix. Souvenez-vous de moi [1].

Oui, heureux celui-là, et heureux aussi Courbet !

Au jour du jugement, il pourra, lui aussi, se relever et dire :

« Seigneur, je ne suis pas digne de votre demeure ; mais, dans mon passage sur terre, quand vous étiez entouré d'ennemis, en butte à leurs sarcasmes, livré aux pharisiens et aux renégats de mon temps, aux sectaires et aux juifs triomphants, moi Courbet, moi fragile et coupable, je ne vous ai jamais renié. Malgré mes faiblesses et mes fautes, mes erreurs et mes indignités, je vous ai suivi de loin dans la voie douloureuse.

« Comme le Cyrénéen, du fond de l'Orient et

1. *France juive,* t. II, p. 559.

à travers les mers, j'ai envoyé à votre Cœur sacré mon offrande publique.

« *Seigneur, souvenez-vous de moi !*[1] »

Oh ! va, repose en paix sous tes dalles bénies, heureux Courbet !

Les siècles passeront.

Dieu et la France se souviendront de toi[2].

1. SAINT LUC, XXIII, 42.
2. Note J.

NOTES

NOTE *A*

Le même M. Bouchez, secrétaire de la Loge de Nouméa à l'époque de l'évasion Rochefort, et expulsé de
l'île pour différents motifs, ne devait pas tarder d'y revenir, non comme secrétaire, mais comme gouverneur.

Successeur de Courbet dans ce poste élevé, il crut
devoir prononcer son oraison funèbre ; nous en ex-
trayons le passage suivant :

« J'ai baisé pieusement, pour la Calédonie, la signature mise au bas de la lettre que notre amiral m'écrivait, huit jours avant de mourir, pour rendre hommage
au concours qui lui avait été prêté par *le Duchaffaut*.
Aujourd'hui la cité qui a été le chef-lieu de son gouvernement, s'arrête dans son activité quotidienne pour
rendre un solennel hommage à la mémoire de celui qui
a aimé et servi la France jusqu'au sacrifice de sa vie.

Et maintenant, reposez dans votre gloire, Amiral !
Votre nom est désormais mêlé aux noms radieux que la
France invoque dans ses grands jours, de triomphe ou
d'angoisse ! »

NOTE *B*

« Dès l'arrivée du premier convoi des récidivistes à
l'île des Pins, mai 1887, on a pu les juger comme élé-

ments de colonisation. — La relégation est au-dessous de la transportation. — Que dire de plus?

« Allez donc parler agriculture à ces hommes dégradés, presque tous âgés. Ce sont des vétérans du crime, blanchis sous le harnais d'infamie. Vieux avant l'âge, esquintés par le séjour des prisons, usés par les excès de toute sorte, les yeux renfoncés par la débauche, les joues creusées et pâlies, ils laissent au visiteur une impression pénible et repoussante. On sent, à la seule inspection, qu'ils sont absolument incapables de toute régénération par le travail, incapables de toute colonisation agricole, incapables même d'un repeuplement avec les indigènes. »

NOTE C

« Ce sont les missionnaires qui, par un travail de plus de deux cent cinquante ans, ont fait connaître et aimer la France dans tout le royaume d'Annam, Tonkin et Cochinchine. Ce sont eux qui, encore aujourd'hui, par les explications justes et intelligentes qu'ils donnent aux populations, atténuent ce que les mesures inhérentes aux expéditions et à l'établissement du protectorat peuvent avoir de lourd pour elles. Ce sont les missionnaires qui s'efforcent continuellement de diminuer autant que possible le mauvais effet des calomnies que les autorités annamites hostiles et les Lettrés ne cessent de forger et de répandre parmi les populations pour leur inspirer la haine de la France. » Mgr PUGINIER. Hanoï, 1886.

NOTE *D*

« Je ne regrette qu'une chose pour Courbet : c'est qu'il n'ait pas eu à déployer ses talents dans des circonstances plus sérieuses qu'une lutte contre des Chinois. Ce n'est certes pas sa faute. La plupart des livres publiés à ce sujet sont empreints d'une exagération vaniteuse qui perce à chaque page. Un homme supérieur, lui-même, Mgr Freppel, dans son oraison funèbre, n'a pas évité cet écueil. Tous ces livres disent que la guerre de Chine a relevé notre prestige militaire. C'est ridicule ; d'autant plus que nos prétendus succès sont très contestables. Les étrangers doivent bien rire de nous. Faut-il que la France soit tombée bas pour s'enorgueillir d'une lutte avec de misérables Asiatiques ! Les Chinois font des progrès tous les jours, je l'accorde ; mais, malgré leur nombre et la distance, il s'écoulera encore de longues années avant qu'ils soient des adversaires redoutables pour les troupes européennes. Les panégyristes de Courbet auraient dû se renfermer dans leur sujet, qui offrait un champ assez brillant, et ne pas s'en servir pour se lancer dans une voie qui ne donne le change à personne de sensé. »

Alger, 1886. CHARMOIX, *Lettres inédites.*

NOTE *E*

« Après la prise de Fou-tchéou, à sa sortie de la rivière Min, la situation de Courbet était si grande, en extrême Orient et en Europe, qu'il aurait pu dire à son ministre, et aux autres maîtres de nos destinées : « J'aime trop mon pays, mes soldats et mes marins, « pour les enterrer à Formose ; chargez-en un autre. »

« Quel malheur ! oserons-nous dire, quel malheur que le jour où il reçut l'ordre d'occuper cette île, Courbet n'ait pas fait comme Nelson à Copenhague ! Le signal de battre en retraite et de cesser le feu, fait par Parker, Nelson ne put jamais l'apercevoir : il avait mis à dessein sa longue-vue sur l'œil de verre qui remplaçait l'œil perdu à Ténériffe !

« Si Courbet avait télégraphié à son ministre simplement ces quelques mots : « Conformément à vos ordres, « j'ai pris Port-Arthur et je vous envoie les clefs de la « Chine », n'aurait-il pas rendu à la France le plus éminent des services ?

« Aucune note discordante n'aurait dû troubler le concert d'éloges dont la patrie française honorait les vertus du grand mort.

« *On dit* pourtant que trois hommes, dans une situation élevée, ont résisté à ce courant de concorde et d'union après la mort ; qu'ils ont refusé de répondre à l'honneur qui leur était dévolu de faire partie du comité patriotique qui veut élever une statue à la mémoire de Courbet.

« On assure que ce sont trois de ses compagnons d'armes. »

Albert Riondel, capitaine de frégate en retraite, juillet 1885.

NOTE *F*.

Chef d'état-major de l'amiral Bouet-Willaumez quand Courbet en était l'officier d'ordonnance, l'amiral Bourgois a été, nous l'avons dit, une personnalité notable de notre marine. Pris sous ses aspects divers, il représentait à un haut degré l'homme d'étude, l'homme de mer, l'homme de bien.

Comme homme d'étude, il n'est pas de branches des sciences nautiques auxquelles il n'ait apporté l'appoint de ses connaissances.

En météorologie, il a précisé, en les rectifiant, en les combattant même quelquefois, les magnifiques découvertes du commandant Maury. Ses travaux ont fait l'objet de plusieurs mémoires présentés à l'Institut : courants de l'atmosphère et de la mer, rotation des vents, loi des tempêtes, prévision du temps, autant de questions nouvelles auxquelles il a consacré de longues séries d'observations.

Sur un autre sujet, nous trouvons son nom attaché aux premières expériences sérieuses faites sur l'hélice comme propulseur.

De l'hélice aux bateaux sous-marins il n'y a qu'un pas. *Le Plongeur,* construit sur ses indications, fut lancé et expérimenté à Rochefort en 1863.

Renouvelées aujourd'hui pour les torpilleurs sous-marins, ces expériences acquièrent dans toutes les marines une importance qu'on ne peut nier. C'est la question du moment, le problème à l'ordre du jour.

Aussi n'est-il pas étonnant qu'à l'apparition de la

fameuse torpille Withead, l'amiral Bourgois ait été nommé président de la commission chargée d'aller en Autriche étudier ce redoutable engin. C'est vers cette époque, comme membre du conseil d'État, et au milieu des travaux les plus variés, qu'il poursuivit l'étude de la torpille et du torpilleur, au point de vue du droit des gens, au point de vue de la guerre de course, de la grande guerre et de la défense des côtes. Les divers articles publiés sur ce sujet par la *Nouvelle Revue* ont été réunis en un beau volume, que tous les marins ont lu. L'amiral n'a pu en revoir les épreuves : la mort l'a frappé à la. dernière page.

Comment les portes de l'Institut ne s'étaient-elles pas ouvertes d'elles-mêmes devant lui? Chose rare ! ce marin doublé de savant était un manœuvrier hors ligne. Il en donna la preuve sur le vaisseau *le Duperré*, qu'il commandait en Crimée et en Chine. Avant de partir pour cette dernière destination, il fut envoyé en mission spéciale à Londres, dans le but de conférer avec les lords de l'Amirauté sur le meilleur plan de campagne à suivre pendant la prochaine expédition anglo-française qui se préparait pour l'extrême Orient.

Les points signalés par l'amiral Bourgois, comme lieu de débarquement et base d'opérations, furent en partie adoptés.

La guerre de 1870 le trouva commandant en chef nos forces navales dans l'Atlantique. La frégate *la Bellone* portait son pavillon de contre-amiral. C'est dans ces conditions qu'il fit aux Açores la rencontre d'une frégate allemande, d'une force égale à la sienne, l'*Augusta*.

Malheureusement c'était dans les eaux neutres, au mouillage de Fayal. Impossible de l'attaquer sur place. Qu'à cela ne tienne! se dit l'amiral; et, avec la promptitude de décision et la sûreté de coup d'œil dont il était doué, il s'approcha de l'ennemi, passa à le frôler; puis, comme un gant jeté à sa face, en fit deux fois le tour, s'en alla au large, dans les eaux libres, stoppa et attendit.

La frégate prussienne ne bougea pas.

Ces souvenirs font du bien. Ce n'est pas de la gloire; ce n'en est qu'une lueur. Mais c'est une espérance, l'espérance que nous laissent nos marins.

Comme homme de bien, l'amiral a fait partie des premières conférences de Saint-Vincent de Paul. Il fut l'ami intime d'Ozanam.

En 1848, aide de camp du ministre de la marine François Arago, il prit une part directe, active, personnelle, à l'adoption d'une mesure qui marque sa place dans les bienfaits rendus à l'humanité : c'est l'abolition des peines corporelles à bord de nos vaisseaux. On peut se demander comment ces durs châtiments, la cale, la bouline, les coups de cordes, que nous avons vus si cruellement appliqués, n'aient disparu qu'au milieu du dix-neuvième siècle, au grand étonnement, au grand regret, avouons-le, de beaucoup d'officiers, qui croyaient la discipline perdue, la marine impossible sans ce frein salutaire. Quarante années d'expérience ont triomphalement démontré le contraire.

Une saine appréciation du caractère de l'amiral, au point de vue philanthropique, a fait dire à l'un de ses

biographes : « L'amiral était un sage; c'était un juste. »
Nous ajouterons : L'amiral Bourgois était un chrétien.

NOTE *G*

« Obéissons aussi à cet instinct mystérieux qui pousse depuis trente ans les peuples civilisés vers la Chine, et soyons disposés, nous aussi, à y jouer un rôle en rapport avec notre caractère et notre aptitude nationale. Si l'influence croissante de l'Angleterre et des États-Unis y est due à leur commerce, pourquoi la nôtre, à défaut de cette base, ne se fonderait-elle pas sur nos armes appuyant la justice? La gloire militaire qui nous reviendrait, pour être sans profit national, n'en aurait pas moins d'éclat. La France méprise une politique qui ne tire l'épée que pour dicter des traités de commerce.

« Depuis la Tartarie jusqu'à la presqu'île de Malacca, de nombreux missionnaires de notre foi, et presque tous de notre pays, évangélisent ces immenses et malheureuses contrées. La France est le protecteur-né de tous; les nations européennes lui en reconnaissent l'honneur et la charge, et, par une tradition indestructible, — puisque les temps si funestes pour nous ne l'ont pas détruite, — ces peuples ont encore les yeux tournés vers elle dans les souffrances où ils perdent toute autre espérance. »

CLERC, *Campagne du* Cassini, 1854.

NOTE *H*

Rhodes, cuirassé *le Vauban*, 16 septembre 1887.

« MONSIEUR,

« Je puis répondre catégoriquement à la question que vous m'adressez : l'amiral s'est confessé ; cela ne fait doute pour aucun des officiers du *Bayard*.

« A peu près un an avant sa mort, l'amiral, parlant de ceux qui mouraient sans les secours de la religion, se tourna vers moi et me dit devant plusieurs officiers réunis à sa table : « Monsieur l'abbé, moi je ne veux « pas vous échapper. Quand vous me jugerez assez ma- « lade pour faire mes affaires, présentez-vous : je sau- « rai ce que cela voudra dire. »

« *L'Amiral s'est confessé vers 3 heures de l'après-midi.* Après mon départ, il a fait appeler M. Habert, son secrétaire, et lui a encore dicté un ordre général pour l'escadre. Je n'ai pas pu le communier, n'ayant pas la Sainte-Réserve. Je lui ai administré l'extrême Onction devant les officiers supérieurs du *Bayard* et une grande partie des officiers du carré, accourus pour recevoir le dernier soupir de leur chef. A ce moment, l'amiral était pris d'une syncope.

« Il n'a plus guère donné signe de vie ; à 10 heures moins un quart, il rendait tout doucement son âme à Dieu. Voilà les renseignements que je puis vous donner sur les derniers moments de l'amiral.

« Recevez, Monsieur, etc...

« ROGEL,

« ancien aumônier du *Bayard*. »

NOTE *I*

Nous n'avons rien à dire des funérailles de l'amiral aux Invalides : elles ont été religieuses et militaires, dignes du héros dont on honorait la mémoire. Plusieurs membres du gouvernement n'y assistèrent point : ils avaient compris leur devoir. Mais la France entière y prit part. Elle y était présente de cœur; son âme tressaillit sous ce dôme de la Victoire.

Vainement on avait voulu faire le vide autour du cercueil, pour le soustraire aux manifestations des foules. Il n'est pas de précautions qu'on n'eût prises. Dès son arrivée, on l'avait éloigné de Toulon, de Marseille. Au passage du train spécial, on écartait le public de l'approche des gares. A Avignon, la police, impuissante à arrêter une manifestation de dix mille personnes, fut obligée de recourir à la troupe de ligne. Dieu sait pourtant si c'était la pompe déployée qui attirait les foules! En fait d'ornements, le fourgon funèbre ne portait que ces mots écrits à la craie :

Cercueil de l'amiral Courbet.

A Paris, même silence, même accueil; pas un discours, pas un mot pour le héros qui, depuis nos désastres, venait de nous rendre quelques rayons de gloire !

On s'est demandé pourquoi le débarquement n'avait pas eu lieu à Toulon, où une cérémonie religieuse l'attendait. L'archevêque d'Aix, Mgr Forcade, qui l'avait préparée, s'est chargé de répondre. Il l'a fait dans une lettre adressée au préfet maritime. C'est une pièce historique, utile à consulter.

En choisissant pour le débarquement la plage des Salins, la plus triste de toute la Provence, les hommes politiques pouvaient avoir leur dessein; mais Dieu avait le sien. On eût dit qu'en évitant aux restes mortels de Courbet l'éclat banal des pompes humaines, il leur réservait, en ce lieu retiré, une compensation plus durable : celle des souvenirs.

Courbet mort était débarqué aux Salins d'Hyères, le 25 août 1885, au même point de la côte où, six cent trente et un ans auparavant[1], le roi saint Louis, venant de Saint-Jean d'Acre, débarquait avec ses deux fils et Marguerite de Provence. Cette date de l'arrivée des restes mortels de Courbet est celle du départ de saint Louis d'Aigues-Mortes pour la première croisade[2]; la date de sa mort devant Tunis, à Carthage, au milieu de son armée en pleurs[3]. A cette même date, dans les mêmes lieux, au sommet de l'antique Birza, le 25 août 1864, Courbet, aide de camp de l'amiral Bouet-Willaumez, fut chargé des préparatifs du service solennel célébré en l'honneur du saint roi par la flotte française, mouillée à la goulette.

Enfin, le 25 août 1884, après le bombardement des

1. 12 juillet 1254.
2. 25 août 1248.
3. 25 août 1270.

forts de Thuan-an, Courbet obtient du roi de Hué la signature du traité qui nous livre le Tonkin et l'Annam.

Nous ne donnons ces rapprochements que pour ce qu'ils valent : puérils, nous l'avouons, si, à travers les âges, ils ne nous donnaient un contact imprévu entre deux figures éminemment françaises, glorieuses et aimées : le roi de France saint Louis et l'amiral Courbet.

NOTE *J*

Une cérémonie touchante a eu lieu à Paris, le 22 décembre 1887, dans la chapelle de l'Archevêché. Sa Grandeur Mgr Richard a célébré le saint sacrifice de la messe pour l'âme de l'amiral Courbet, en présence de la famille de l'illustre marin, des membres du comité du Vœu national au Sacré-Cœur, et des amiraux représentant l'œuvre de la chapelle de la marine dans le temple en construction.

Après la messe, Mgr Richard a remis solénnellement entre les mains des amiraux l'épée du vaillant amiral Courbet et ses décorations, dont Mme Cornet-Courbet, sa digne sœur, avait fait don à l'église du Sacré-Cœur. Rien de plus noble, de plus français, de plus chrétien que les paroles échangées au moment de la remise de ces reliques entre le vénérable prélat et l'amiral Gicquel des Touches.

Les témoins trop peu nombreux de cette scène admirable dans sa simplicité en ont été touchés jusqu'aux larmes.

« Messieurs les amiraux, » a dit Mgr Richard, « je remets entre vos mains l'épée et les décorations de l'illustre amiral Courbet.

. . . .

« Je ne peux trouver une meilleure occasion pour vous redire la belle pensée exprimée par notre vénérable prédécesseur à l'occasion des obsèques nationales qui furent célébrées pour l'amiral, dans l'église des Invalides, au mois d'août 1885. S'inspirant des paroles de Bossuet dans l'oraison funèbre du grand Condé, le cardinal Guibert disait avec raison :

« L'Évèque de Meaux semble avoir peint d'avance « notre grand marin quand il a dit de son héros : « Ce « que le prince fit à son lit de mort pour s'acquitter « des devoirs de la religion, mériterait d'être raconté à « toute la terre, non à cause qu'il est remarquable, mais « à cause qu'il ne l'est pas, et qu'un homme si exposé « à tout l'univers ne donne rien aux spectateurs. Dans « la mort comme dans la vie, la vérité fut toujours « toute sa grandeur. »

M. l'amiral Gicquel des Touches a répondu :

« MONSEIGNEUR,

« Notre comité reçoit avec reconnaissance et avec orgueil la vaillante épée que la famille de l'amiral Courbet offre par les mains de Votre Grandeur à la chapelle *Stella maris* de la Marine, à Montmartre.

« Courbet a obtenu toutes les gloires : il s'est montré militaire intrépide, général habile, marin consommé;

il a ramené sous nos drapeaux la victoire longtemps absente.

« Mais la plus durable de ces gloires est sans contredit celle qu'il s'est acquise en affirmant sa foi devant le monde entier, dont les regards étaient fixés sur lui.

« Que son exemple serve de guide aux chefs qui, dans l'avenir, seront appelés à l'honneur de conduire à l'ennemi les flottes de la France. »

9 782329 446790